爱国教育系列丛书

新时代青少年爱国主义教育读本

我爱我的祖国

邓永标◎主编

北京航空航天大学出版社
BEIHANG UNIVERSITY PRESS

图书在版编目（CIP）数据

我爱我的祖国 / 邓永标主编. -- 北京：北京航空航天大学出版社，2019.12

ISBN 978-7-5124-3152-2

Ⅰ. ①我… Ⅱ. ①邓… Ⅲ. ①爱国主义教育－中国－青少年读物 Ⅳ. ① D647-49

中国版本图书馆CIP数据核字（2019）第226408号

我爱我的祖国
WO AI WO DE ZUGUO

出版统筹：邓永标
责任编辑：邓 彤 舒 心
责任印制：秦 赟
出版发行：北京航空航天大学出版社
地　　址：北京海淀区学院路 37 号（100191）
电　　话：010-82317023（编辑部）010-82317024（发行部）
　　　　　010-82316936（邮购部）
网　　址：www.buaapress.com.cn
读者信箱：bhxszx@163.com
印　　刷：北京紫瑞利印刷有限责任公司
开　　本：710×1000mm 1/16
印　　张：17.25
字　　数：260 千字
版　　次：2019 年 12 月第 1 版
印　　次：2020 年 5 月第 2 次印刷
定　　价：59.00 元

《我爱我的祖国》编委会

主　　编： 邓永标

副 主 编： 王定济　吕文艳

参与编写人员（以姓氏笔画为序）：

马　龙　王少伟　王文静　王立灿　王丽名
王　昉　王金圣　王定济　王浩宇　王海民
井志伟　文　韵　邓永标　邓慧超　石　磊
田兆运　巩　琦　吕文艳　朱　艳　孙宇帆
李清华　杨绍功　何　洁　余昌仁　邹太平
汪新华　沈　帆　宋心蕊　宋　扬　宋豫秦
张　琦　陈奕洁　徐　明　徐晓婷　高　查
郭一平　黄可欣　鹿永建　葛承雍　蒋　芳
谢孟涛　谭晓妮　谭道龙　燕　帅

序言

“祖国万岁！”这是2011年3月4日中国空军执行利比亚撤离行动中四架伊尔–76运输机平稳降落北京南苑机场、287名同胞回到祖国怀抱时发自内心的呼唤。历史事实一再表明：有国才有家，爱家更爱国。

中共中央、国务院于2019年11月12日印发了《新时代爱国主义教育实施纲要》，提出“要坚持全员全过程全方位育人，在广大青少年中开展深入、持久、生动的爱国主义教育，让爱国主义精神牢牢扎根”。根据这一要求，我们在庆祝中华人民共和国七十华诞之际，组织编写新时代青少年爱国主义教育读本《我爱我的祖国》，旨在引导青少年树立和坚持正确的历史观、民族观、国家观、文化观、人生观，增强爱党、爱国、爱人民、爱军队、爱社会主义和爱集体的情感，更好地肩负起历史使命和时代责任，努力成为维护祖国统一、民族团结、社会稳定的新生力量，努力成为担当民族复兴重任的时代新人，努力成为“德智体美劳”全面发展的社会主义建设者和接班人。

本书以“讲故事”的形式，展现中国波澜壮阔的悠久历史，阐明博大精深的中华优秀传统文化，展示在中国共产党领导下的新中国取得的举世瞩目的伟大成就，让青少年真正懂得为什么要爱国、如何爱国的道理。在编写过程中，按照思想性、知识性、生动性、趣味性的要求，慎重选择史料，精心写作、审定，力求青少年爱读、爱学，培养他们把阅读当成一种生活方式。

本书共分“灿烂的古代文明”“近代的屈辱与抗争”“没有共产党就没有新中国”“江山如此多娇”“砥砺奋进的七十年”“共筑中国梦”六部分。

“灿烂的古代文明”是对祖国悠久历史、灿烂文化的梳理，使读者增强文化自信，懂得这是中华民族贡献给世界的精神财富。

“近代的屈辱与抗争”中讲述了中华民族心灵的创痛，同时也反映了中华民族不畏强敌的反抗斗争精神，激励着中华儿女知耻而后勇，自强不息、砥砺前行。

“没有共产党就没有新中国”是通过事实证明只有中国共产党才能救中国，只有中国共产党才能使中国人民站起来、富起来、强起来。中国共产党的领导是历史的必然，是中国人民唯一正确的选择。

“江山如此多娇”是对中华大地秀美河山的描述，同时也是对我们守土有责、寸土不让决心的激励。

“砥砺奋进的七十年”所展示的伟大成就，充分证明坚持走中国特色社会主义道路，是实现中华民族伟大复兴的必由之路。

“共筑中国梦”昭示着国家富强、民族振兴、人民幸福的美好前景，是包括所有青少年在内的每一个中国人为之奋斗的梦想。

青少年是民族的未来、国家的希望。在新时代新形势下，我们期盼本书的出版发行，有助于广大青少年树立社会主义核心价值观，提升家国情怀、道德修养、法治意识和文化素养，坚持不懈地以习近平新时代中国特色社会主义思想武装头脑，树立对马克思主义的信仰、对中国特色社会主义的信念、对中华民族伟大复兴的信心，在实现中国梦的生动实践中放飞青春理想，在为人民利益的英勇奋斗中书写人生华章！

目 录

近代的屈辱与抗争

没有共产党就没有新中国

江山如此多娇

砥砺奋进的七十年

共筑中国梦

灿烂的古代文明

通过对祖国悠久历史、灿烂文化的梳理，使读者增强文化自信，懂得这是中华民族贡献给世界的精神财富。

1. 中华文明起源

中国是人类文明的发祥地之一。800 万年以前，在云南的开远、禄丰等地就生活着远古人类。此后，经过漫长时间的进化，形成了不同时期的原始人及氏族部落，如元谋人、蓝田人、北京人、山顶洞人及半坡人等，经历了原始人类、母系社会和父系社会等几个阶段。

在远古时代，人类以氏族、部落为单位聚居。在物产富饶的地方，人类住在山洞里，每天外出采集食物。在物产贫瘠的地区，人类猎取兽类以保障生计，并发明了帐篷，以便随时迁徙，追踪猎物的足迹。这样的生活方式持续了几十万年。随着气候转暖，人类的分布范围越来越广，遍布大半个地球。

对于人类来说，最适合种植的地方往往是江河沿岸的平坦地区。因为河水经过的地方都会留下肥沃松软的冲积土，人类使用最原始的工具也可以实现深耕，从而提高农作物产量。于是越是大型河流流经的地方，聚居的人口就越多。渐渐地，城市和国家就出现了。

▲ 元谋人

▲ 北京人

▲ 山顶洞人

中国是一个有着辉煌文明的古老国度。中国先后经历了夏朝、商朝、西周、春秋、战国、秦朝、西汉、东汉、三国、魏晋南北朝、隋朝、唐朝、五代、宋辽夏金、元朝、明朝和清朝等历史时期。其中，夏、商、西周和东周春秋时代，经历了奴隶社会的全过程。从战国开始，封建社会孕育，秦朝时则建立了中国历史上第一个中央集权的大一统封建帝国。此后的两汉王朝是封建社会迅速成长的阶段。唐、宋时期经历了封建社会最辉煌的时期，至明、清两代，封建社会盛极而衰，最终步入列强入侵多灾多难的近代社会。

在数千年的历史进程中，中华民族以不屈不挠的顽强意志、勇于探索的精神和卓越的聪明才智，谱写了波澜壮阔的历史画卷，创造了同期世界上极其灿烂的物质文明与精神文明。万里长城、大运河、明清故宫等恢宏的遗迹以及种类丰富的出土文物，无不反映出祖先们至高的智慧、高超的生产技术；同时在思想文化、科学技术领域产生了无数杰出的人物，创造出无愧于前代的丰功伟绩；而包括指南针、造纸术、火药和印刷术这“四大发明”在内的无数科技成就，是中华民族为人类文明进步做出的重大贡献。

纵观人类文明史，5000 年绵延不断的，唯有中华文明。

延伸阅读：甲骨文传承的中华文明基因

汉字是历史悠久的文字，但汉字的源头究竟在哪里，一直困扰着研究者。1899 年，清末学者王懿荣在药店购买一种叫作“龙骨”（即古代动物的化石，中医认为它有镇静安神、生肌敛疮的功效）的药材时，发现“龙骨”上刻画着许多奇怪符号。王懿荣是著名的金石学家，他敏锐地意识到这是一种文字。于是他以高价把药店中所有带有这种文字的“龙骨”买回家认真研究。最终，他确定这是 3000 多年前商朝的文字。因为被刻写在龟甲、兽骨之上，故称为“甲骨文”。1900年，北京被八国联军攻陷，王懿荣和夫人谢氏、长媳张氏壮烈殉国。他所收藏的甲骨转入好友刘鹗手中。刘鹗继续搜寻甲骨，以求破译这种文字。

1908年，刘鹗的好友罗振玉在河南安阳小屯村找到了出土甲骨的地方。当地人认为甲骨上的文字是“天书”，它们可以使甲骨拥有神奇药性，所以多年来将其当作药材。罗振玉由此推断，小屯村附近就是商朝晚期都城殷墟遗址所在地。罗振玉为甲骨文的研究奠定了基础。之后郭沫若等许多学者都在研究甲骨文方面取得成就，并形成了专门的学科——甲骨学。

▲ 甲骨文

殷墟甲骨文是中国出土最早的古典文献遗产。甲骨文的内容丰富，涉及3000年前殷商时期的政治制度、王室结构、社会生活、经济生产等方方面面，具有极高的文物价值、史料价值和学术研究价值。从1899年发现至今，经海内外学者近120年来前赴后继的探索，甲骨文中隐含的殷商文化秘密逐渐被揭开，甲骨学已然成为一门举世瞩目的学科。

▲ 甲骨文

甲骨文被誉为中国近代学术史上“四大新发现”之一。2013年，甲骨文首次被编入《国家珍贵古籍名录》。2017年，甲骨文入选《世界记忆名录》，标志着甲骨文的影响力和重要的国际地位。

2. 华夏始祖披荆斩棘、开创文明的故事

1936年，考古学家在浙江省境内发现了距今4300～5300年的良渚古城遗址。2019年，良渚古城遗址被列入《世界遗产名录》，这标志着中国拥有5000年历史的说法得到全世界的认可。

先秦典籍和汉代《史记》中记载了许多关于上古时代华夏先民的传说，讲述了华夏始祖披荆斩棘、创造文明的故事。战国时代的楚人相信，华夏文明源于伏羲、女娲。伏羲、女娲的传说也在中原大地广为流传。相传伏羲为了造福苍生，探索天地四时的运行规律，经过刻苦研究，发明了用于占卜的八卦，以及渔网、乐器。伏羲的传说反映了古人探索自然、利用自然的不懈努力。而有关女娲，则为了解救人类，用自己的身体填补天上的大洞。

古书中还记载了人类与大自然斗争的故事。古代人类常常遭到洪水灾害、毒蛇猛兽的祸患。有一位先贤在大树上建造房屋以躲避洪水猛兽，并将此方法教给众人，人们称其为“有巢氏”。后来又有一位先哲发明了钻木取火，并把生火的办法教给了众人，人们尊称其为“燧人氏”。

古人学会建屋、取火后，不断繁衍壮大。有一个部落因为采集种子种植农作物发明了农业，其首领被称为“神农氏”，也被叫作“炎帝”。当时还没有医学，神农氏便立志尝百草治病救人，并记录了各类草药的效力，创立了中医学。后来神农氏在试尝名为“断肠草”的草药时不幸中毒身亡。百姓感其恩德，把他与另外两位圣人（伏羲、燧人）并列，称为“三皇”。

神农氏死后，他的后裔仍以“炎帝”为号，成为黄河中游地区的部落联盟首领，一直传了很多代。大约在5000年前，一个源于陕西渭水流域的部落进入炎帝领地。其首领轩辕氏（本姓公孙，后改姬姓），也被称为“黄帝”。黄帝与炎帝之间发生战争，黄帝在阪泉之战中战胜了炎帝，把本部落与炎帝部落合二为一。中国人历来自称“炎黄子孙”，就是这个原因。黄帝后来又与居住在黄河流域中下游地区以及长江流域一带的九黎族首领蚩尤的部落发生战争，在涿鹿经过血战，终于获胜，统一了黄河中下游地区。

▲ 古人在树上建造房屋以躲避洪水猛兽

黄帝创制历法、教导百姓播种五谷、命仓颉创造文字；其妻嫘祖则教会大家养蚕。华夏文明由此得到极大发展；后世敬称其为“中华民族的人文始祖”。黄帝之后，颛顼、帝喾、唐尧、虞舜相继担任中原部落联盟首领。相传这四人都是贤明的君主，后人把他们与黄帝并称“五帝”。

▲ 古人发明钻木取火

传说中圣人往往具有天下为公、无私奉献的品质，反映了中华文化所含自强不息、急公好义、以普惠大众为荣的精神特质，值得后人传承发扬。

延伸阅读：新石器时代重要农具与中国原始农业

我国生产多种优质的小米，最著名的当属沁州黄了，但龙山小米也毫不逊色。龙山小米之所以著名，除了和品种有关之外，还和生产技术有关。

1991年春，著名的龙山文化命名地城子崖遗址中挖掘出两件新石器时代比较常见的石器：一件是石磨盘，另一件是石磨棒。可别小瞧这两件宝贝，单看不起眼，可是两者合在一起，既能给谷物去壳，还能把谷物碾成粉末，方便快捷。这两件宝贝的发掘之地，正是山东龙山。1991年，博物馆工作人员与一位农民闲聊时，发现这位农民家里放物品的石头有些特别，于是，就用香烟与他交换了这块石头。当时，农民朋友还附送了一件石磨棒。

▲ 古人用石磨棒加工谷物

中国古人用石头制成的石磨盘和石磨棒，足以说明中国作为农业大国，不是因为从事农业的人口多，而是因为中国的农业文明开始的时间早。中国原始农业呈现出丰富多彩的特征。在原始农业时期，中国的农业由刀耕逐步向锄耕过渡，并进行稻、粟、黍、大豆、茶以及漆树等的种植。

▲ 古人用石磨盘加工谷物

在距今4000多年前，中国人还学会了驯养六畜，即猪、狗、羊、牛、马、鸡。其中，驯养家猪的时间距今有8000多年。除此之外，中国人还开始养蚕抽丝。此时的生产工具在材质上以木、石、骨、蚌为主，种类也非常多，有锄、铲、耒、耜等。采集和渔猎并未退出历史舞台，仍然是原始农业中最为重要的一部分。

3. 世界历史名城　千年古都长安

长安是西安的古称，是中国历史上第一座被称为“京”的都城。周文王定都于此，营建丰京。武王即位后再建镐（hào）京，合称丰镐，西安简称“镐”即源于此。西汉初（公元前202年）置长安县（今为西安市长安区），在秦兴乐宫的基础上兴建长乐宫。高祖七年（公元前200年）营建未央宫，同年国都由栎阳迁移至此，因地处长安乡，故名长安城，取意“长治久安”。

▲ 长安古城遗址

长安是隋唐时期世界最大的城市，也是中国历史上建都朝代最多、建都时间最长、影响力最大的都城。长安是丝绸之路的东方起点和隋唐大运河的起点。长安居中国四大古都之首，同时也是与雅典、罗马、开罗并称的世界四大文明古都。有7000多年文明史、3100多年建城史和1200多年的建都史，历史上周、秦、汉、隋、唐等13个朝代曾建都于此，唐朝鼎盛时期常住人口185万。在古代中国作为政治、经济、文化中心长达1000多年，被誉为天然历史博物馆，是国际著名旅游城市。

长安向世界展现了文明中国拥有的自信、开放、大气、包容、向上的民族精神，铸造了炎黄子孙永远为之自豪的文化高地。长安文化影响极其深远，由于建都长安的周、秦、汉、隋、唐是中国古代最为强盛的黄金时期，因此在唐以后，虽然长安没再定为国都，但“长安”一词却成为国都的别称。今天首都北京最重要、最知名的第一街——长安街，就是以史上“长安”命名的。

“一座城市的历史就是一个民族的历史。”长安，这座中国历史文化史上的第一“京”，以世代传承的雍容儒雅、大气恢宏，成为中国文化的名片。

延伸阅读：中国古都——城市建筑的名片

随着社会的发展，在我国辽阔的国土上，出现了不少具有相当规模的城市，尤其是历代的国都。这些古都，在建筑规模、建筑模式或建筑风格上，都有其独到之处，往往体现了同时代最高的建筑水平，对全国其他城市有着广泛的影响。因此可以说，各大古都的建筑沿革，就是一部较完整的城市建筑史。

在中国历史的长河中，西安、洛阳、南京、北京、开封、杭州、安阳、郑州这八大古都，是有文字记载或考古证据的主要政治、经济、文化中心。

中国历代都城选址的条件是：有充足的水源，以满足生产和生活的用水需要；地区经济繁荣，交通便利，故多位于平原、盆地；具有可防可攻的地理优势，如西安有“四关拱卫，浮渭据泾，金城千里，天府之国”之盛，南京有“龙盘虎踞”之势，洛阳有“山河拱戴，形势甲于天下”之誉，北京有“背山带海”之形等。

我国古代都城建设都有周密的整体规划和施工法度，都具有方正严谨、左右对称、棋盘式布局等特点。帝王深居宫中，远离闹市，幽静、安全，又足以体现帝王之尊严。商业集中，便于贸易。百姓居小巷之内，既安静，又便于治安管理。如北京古城，中心有一条笔直的中轴线，中轴线两侧是堂堂正正的对称街区，城中部有紫禁城宫殿群。整个北京犹如一件艺术品，结构严整，层次分明，布局井然，设计匀称；棋盘状街区古朴、完整、协调，还有大量方便舒适的传统住宅四合院与静谧、优美、凝聚着历史文化的胡同。

中国的古都风貌被国际城市建设专家称为“世界奇观”“卓越的纪念物”“伟大文明的顶峰”“地球表面上人类最伟大的个体工程”。这些城市每年都要接待许多来自世界各地的游客，带动了当地旅游业发展。

4. 中国古代思想家、教育家孔子

孔子（公元前551—公元前479），名丘，字仲尼，春秋末期鲁国陬邑（今山东曲阜）人，是中国古代伟大的思想家、教育家、儒家学派创始人。

孔子开创了私人讲学之风，倡导仁、义、礼、智、信。有弟子3000，其中贤人72。他曾带领部分弟子周游列国13年，晚年修订《诗》《书》《礼》《易》《乐》《春秋》，后世称之为“六经”。孔子是当时最博学者之一，去世后，其弟子及再传弟子把孔子及其弟子的言行语录和思想记录下来，整理编成《论语》。该书被奉为儒家经典。孔子在世时就被尊奉为“天纵之圣”“天之木铎”，更被后世统治者尊为孔圣人、至圣、至圣先师、大成至圣先师、万世师表。其思想对中国和世界都有深远的影响，被联合国教科文组织评选为“世界十大文化名人”，并名列第一。

▲ 孔子

孔子创立了以“仁”为核心的学说，他富有同情心，乐于助人，待人真诚、宽厚。

孔子的政治思想核心内容是“礼”与“仁”；在治国方略上，他主张“为政以德”，用道德和礼教来治理国家是最高尚的治国之道。

孔子的经济思想核心是“重义轻利”“见利思义”的义利观与“庶、富、教”的“富民”思想。这也是儒家经济思想的主要内容，对后世有较大的影响。

孔子治史的一个重要主张就是“直”，即研究历史要实事求是，不但重视根据，而且要“知之为知之，不知为不知”（《为政》）。相反，“狂而不直，侗而不愿，悾悾而不信”（《泰伯》），是他所反对的。这种一以贯之的主张，也反映到他的治史中。

孔子的美学思想核心是“美”和“善”的统一，也是形式与内容的统一。孔子提倡“诗教”，即把文学艺术和政治道德结合起来，把文学艺术当作改变社会和政治的手段、陶冶情操的重要方式。孔子认为，“君子”，应该在诗、礼、乐等方面都要有一定修养。孔子的美学思想对后世的文艺理论影响巨大。

孔子生前就有人尊其为“圣人”，但被他拒绝。孔子根据人的天赋和学习态度将人分为四种类型：第一类是圣人，生下来不用学习就懂得大道；第二类是通过学习才能明白的人；第三类是遇到困惑时才去学习的人；最后一类则是自暴自弃、不学习的人。孔子说自己属于第二类人，绝对不是生而知之的圣人，只是特别热爱文化并勤勉学习罢了，有时甚至达到废寝忘食的地步，而且乐在其中。

孔子的弟子在编辑《论语》时，将孔子论述学习的话放在第一条——“子曰：学而时习之，不亦说乎？”正是通过锲而不舍的学习，孔子才能从一个破落的贵族后代成为万世景仰的大成至圣先师，成为中国古代思想家、教育家。

延伸阅读：道家学派创始人老子与他的《道德经》

老子（公元前580—公元前500），姓李，名耳，字聃，楚国苦县厉乡曲仁里人。

在我国思想发展史上，孔子和老子是两位具有代表性和开创性的人物，分别作为儒家与道家学派创始人，都生活在春秋末期，同处一个时代。诸多文献和考古资料都证实，孔子曾多次向老子问礼。老子是春秋时期伟大的哲学家和思想家，也是世界百位历史名人之一，著有《道德经》。这部作品的精华是朴素的辩证法，主张无为，其学说对中国哲学的发展具有深刻影响。在道教中，老子被尊为始祖，并与庄子并称老庄。

▲ 老子

《道德经》又称《道德真经》《老子》《五千言》《老子五千文》，是道家哲学思想的重要来源。《道德经》分上下两篇：上篇《德经》、下篇《道经》，不分章。后改为《道经》在前，三十七章；第三十八章及之后为《德经》，并分为八十一章。

《道德经》论述修身、治国、用兵、养生之道，内容涵盖哲学、伦理学、政治学、军事学等诸多学科。文意深奥，包含广博，被后人尊奉为治国、齐家、修身、为学的宝典，被誉为万经之王。

《道德经》是中国历史上最伟大的著作之一，对传统哲学、科学、政治、宗教等产生了深刻影响。据元朝时期统计，先秦之后，研老注老著作超过 3000 种，具有代表性的不下 1000 种，这充分说明《道德经》的巨大影响力。据联合国教科文组织统计，《道德经》是除了《圣经》以外被译成外国文字传播数量最多的名著。

5. 统一六国的秦始皇

秦始皇（公元前 259—公元前 210），姓嬴，名政，秦庄襄王之子，秦孝公之后第六代秦王，秦王朝的建立者，中国历史上第一个统一封建王朝的创立者，故称秦始皇，公元前 246—前 210 年在位。

战国末年，从诸侯割据向全国统一的趋势日益明显。战国七雄中，秦国实力最强，具备了统一东方六国的条件。秦王嬴政即位时年仅 13 岁，政权旁落在相国吕不韦和太后宠信的宦官嫪毐手中，统一事业没有多大进展。公元前 238 年他亲政后，平定嫪毐的叛乱，免了吕不韦的相职，任用尉缭、李斯等人，重新部署统一全国的战略和治国策略。

整顿好内政后，嬴政决心兼并六国，统一天下。公元前

230 年，秦国派内史腾率军攻灭韩国，俘虏韩王安，揭开了秦灭六国的序幕。此后，秦国相继消灭韩、赵、魏、楚、燕、齐六国，于公元前 221 年统一了中原，建立了中国历史上第一个中央集权的封建国家——秦朝。

秦灭六国，终结了春秋战国以来诸侯割据、混战的乱世，标志着中国历史上第一个统一的多民族封建帝国的形成。嬴政认为自己的功劳超过了传说中的三皇五帝，便创造了“皇帝”的称号，自称始皇帝，宣布子孙称二世、三世以至万世，代代承袭。随后，他在政治、经济和文化思想方面推行了一系列维护封建统治的措施。秦始皇顺应时代潮流结束了长达几百年的群雄割据局面，实现了华夏民族大统一，为中国封建社会的发展做出了开天辟地的贡献。为了巩固统一成果，嬴政采纳李斯的建议，废除分封制，改行郡县制。在皇帝的直接控制下，建立自中央至郡县的一整套官僚机构。在经济上，大力推行重农抑商政策，扶植封建土地私有制的发展。他还健全统一的法律制度，加强军队建设，统一文字、货币和度量衡以及道路宽度等。

▲ 秦始皇

秦始皇的这些措施，确立了此后中国 2000 余年政治制度的基本模式，也使各地间的经济、文化交流得以加强。中国古代的经济和文化能够迅速发展，并且在很长一段时间内一直居世界的前列，与秦建立的统一国家是分不开的。

延伸阅读：中国古代军事防御工程——长城

长城，又称万里长城，是中国也是世界上修建时间最长、工程量最大的古代军事防御工程。长城不是一道简单的城墙，而是以城墙为主体，同大量的城、障、亭、标相结合的防御体系。自西周时期开始，断续修筑了2000多年，贯通了中国北部和中部的广大地区。

▲ 长城

长城修筑的历史可上溯到西周时期，著名的典故“烽火戏诸侯”就发生在镐京（今陕西西安）。春秋战国时期列国争霸，互相攻伐，长城修筑随之进入第一个高潮，但规模都不大。秦灭六国统一天下后，秦始皇连接和修缮战国时期的长城，始有万里长城之称。明朝是最后一个大修长城的朝代，今天人们所看到的长城多是此时修筑的。

长城遗迹主要分布在河北、北京、天津、山西、陕西、甘肃、内蒙古、黑龙江、吉林、辽宁、山东、河南、青海、宁夏、新疆15个省、自治区、直辖市。其中河北省境内长度为2000多公里，陕西省境内长度为1838公里。根据文物和测绘部门的调查，明长城总长度为8851.8公里，秦汉及早期长城超过1万公里，总长超过2.1万公里。

1961年3月4日，长城被国务院公布为第一批全国重点文物保护单位。1987年12月，长城被列入世界文化遗产。

万里长城是中国古代劳动人民智慧和力量的结晶，不愧为人类建筑史上的奇迹，更是中华民族的骄傲。

6. 世界上开凿最早的人工河——京杭大运河

中国古代很早就有利用自然水源、修筑人工运河、灌溉农田和进行运输的历史。京杭大运河是世界上开凿最早、里程最长、规模最大的运河，也是最古老的运河之一，与长城、坎儿井并称为中国古代的三项伟大工程，并且使用至今。这是中国古代劳动人民建造的一项伟大的水利建筑工程。大运河南起余杭（今杭州），北到涿郡（今北京），途经今浙江、江苏、山东、河北四省及天津、北京两市，贯通海河、黄河、淮河、长江、钱塘江五大水系，主要水源为“南四湖”（微山湖、昭阳湖、独山湖、南阳湖四个相连湖的总称），全长1794公里。运河对中国南北地区之间的经济、文

▲ 京杭大运河

化发展与交流，特别是对沿线地区工农业经济的发展起到了巨大作用。

这条大运河是春秋时期的吴国为伐齐国而开凿的，隋代大幅度扩修并贯通至都城洛阳且连涿郡，元代翻修时弃洛阳而直至北京。大运河从开凿到现在已有2500多年的历史。2002年，大运河被纳入“南水北调”东线工程。2014年6月22日第38届世界遗产大会宣布，中国大运河成功入选《世界文化遗产名录》，成为中国第46个世界遗产项目。

2014年9月，通州、武清、香河三地水务部门签订战略合作协议，京杭大运河通州—香河—武清段实现复航。

延伸阅读：中国古代劳动人民勤劳、智慧的结晶——都江堰

都江堰是世界上最早最伟大的水利工程，是世界文化遗产项目（2000年被联合国教科文组织列入《世界文化遗产名录》）、世界自然遗产项目以及全国重点文物保护单位、国家级风景名胜区、国家AAAAA级旅游景区。

都江堰位于四川省成都市都江堰市城西，坐落在成都平原西部的岷江上，始建于秦昭王末年（约公元前256—公元前251），是蜀郡太守李冰父子在前人鳖灵开凿的基础上修建的大型水利工程，由分水鱼嘴、飞沙堰、宝瓶口等部分

▲ 都江堰

组成。2000 多年来，它一直发挥着防洪灌溉的作用，使成都平原成为沃野千里的“天府之国”，如今灌区已达 30 余县市，面积近千万亩。这是世界上迄今为止年代最久、唯一留存并仍在使用的以无坝引水为特征的宏大水利工程，是中国古代劳动人民勤劳、智慧的结晶。

都江堰风景区主要有伏龙观、二王庙、安澜索桥、玉垒关、离堆公园、玉垒山公园、玉女峰、灵岩寺、普照寺、都江堰水利工程等。

2018 年 8 月 13 日，在加拿大萨斯卡通召开的国际灌排委员会第 69 届国际执行理事会全体会议上，公布了 2018 年（第五批）《世界灌溉工程遗产名录》，其中就有我国的都江堰。

7. 穿越千年的古乐器——战国曾侯乙编钟

▲ 曾侯乙编钟

战国曾侯乙编钟是战国早期曾国国君的一套大型礼乐重器，国家一级文物，1978 年在湖北随县（今随州市）擂鼓墩曾侯乙墓出土，现藏于湖北省博物馆，为该馆“镇馆之宝”。

战国曾侯乙编钟钟架长 748 厘米、高 265 厘米。全套编钟共 65 件，分三层八组悬挂在呈曲尺形的铜木结构钟架上，最大钟通高 152.3 厘米，重 203.6 千克。它用浑铸、分铸法铸成，采用了铜焊、铸镶、错金等工艺技术，以及圆雕、浮雕、阴刻、髹漆彩绘等装饰技法。每件钟均能奏出呈三度音阶的双音，全套钟12个半音齐备，可以旋宫转调。音列是现今通行的C大调，能演奏五声、六声或七声音阶乐曲。

战国曾侯乙编钟的出土改写了世界音乐史，是中国迄今发现数量最多、保存最好、音律最全的一套编钟，代表了中国先秦礼乐文明与青铜器铸造技术的最高成就，在考古学、历史学、音乐学、科技史学等多个领域产生了巨大的影响。2002年1月被国家文物局列入《首批禁止出国（境）展览文物目录》。

延伸阅读：中华陶瓷艺术与青铜器

中国是著名的陶瓷古国，瓷器更是我国伟大的发明创造。

▲ 陶器

陶器，是用泥巴（黏土）捏成形晾干后用火烧出来的。陶器的发明是人类文明的重要进步，是人类第一次利用自然物，按照自己的意志创造出来的一种崭新的器物。从河北省阳原县泥河湾地区发现的旧石器时代晚期的陶片来看，中国陶器的制造距今已有11700多年的悠久历史。

陶器是泥与火的结晶。在原始社会的生活中，祖先们发现被水浸湿后的黏土更有黏性和可塑性，晒干后就变得坚硬起来。大约在205万～70万年前的元谋人时代，先民们发现晒干的泥巴被火烧之后，就变得更加结实、坚硬，而且可以防水，于是陶器就产生了。陶器的发明，揭开了人类利用自然、改造自然、与自然作斗争的新的一页，具有重大的历史意义，是人类发展史上的一个里程碑。

瓷器的发明是中华民族对世界文明的伟大贡献。自唐代开始，中国陶瓷就伴随着驼铃声走向西方世界，自明代以后则从海路运销各国。

中国瓷器是从陶器发展演变而来的，原始瓷器产生于3000多年前。至宋代，名瓷名窑已遍及大半个中国，是瓷业最为繁荣的时期。汝窑、官窑、哥窑、钧窑和定窑并称为宋代五大名窑；当时比较有名的还有柴窑和建窑。被称为瓷都的江西景德镇在元代出产的青花瓷已成为瓷器的代表，青花瓷釉质透明如水，胎体质薄轻巧，洁白的瓷体上绘以蓝色纹饰，素雅清新，充满生机。青花瓷一经出现便成为景德镇的名瓷，与青花瓷并称四大名瓷的有青花玲珑瓷、粉彩瓷和颜色釉瓷。另外，雕塑瓷、薄胎瓷、五彩胎瓷等，均精美绝伦，各有特色。

▲ 瓷器

多姿多彩的瓷器是中国古代的伟大发明之一。精美瓷器的制作工艺难度远高于一般瓷器，古代皇室中不乏收藏者。作为奢侈品之一，瓷器通过各种渠道传到其他国家，作为具有收藏价值的古董被收藏家大量收藏。欧美人士在婚礼上，以赠送中国产的高级瓷器茶具礼品为荣。

青铜器是中国古代灿烂文明的载体之一。它以丰富而奇特的造型、神秘而美丽的装饰、精湛而先进的铸造工艺闻名。

中国青铜器历史悠久，据古文献记载，距今4000~5000年前即相当于尧舜禹时代，我国就已开始冶铸青

▲ 商后母戊鼎

铜器。在黄河、长江中下游地区的山东龙山文化遗址里，发掘出多件青铜器制品。湖北省大冶市是华夏青铜文化发祥地。3000 多年前，华夏先民在大冶采矿炼铜，创造了青铜文明。境内铜绿山古铜矿遗址被称为“世界第九大奇迹”。

中国的青铜器不仅数量多，而且造型多样，主要有炊器、食器、酒器、水器、乐器、车马饰、铜镜、带钩、兵器、工具和度量衡器等。流行于 4000 年前至秦汉时代，以商周器物最为精美。最初出现的是小型工具或饰物。夏代开始有青铜容器和兵器。青铜器在不同时期都呈现出不同的风格，同一时代的同一种青铜器乃至不同地区的青铜器也各有不同，犹如百花齐放。即使在今天，青铜器也具有很高的观赏价值。

8. 丝绸之路：从中国到西方的交通大道

丝绸之路指汉代从中国到西方的交通路线，因大量中国丝和丝织品多经此路西运，故称丝绸之路。在古代，中国是唯一种桑、养蚕、生产丝织品的国家。近年各地考古资料已充分证明，商、周至战国时期，丝绸锦绣的生产技术已发展到相当高的水平。那时中国丝绸经西北各民族之手少量辗转贩运到中亚、印度。

汉初，河西走廊曾先后为乌孙、月氏、匈奴所据，西域绿洲诸小国亦为匈奴所控制，汉与西方的道路难以通畅。元光二年（公元前 133 年）以后，汉武帝连年派大军进攻匈奴，巩固西北诸郡边塞，陆续设立酒泉、武威、张掖、敦煌四郡，隔绝了匈奴与羌人的联系；从敦煌到盐泽（今罗布泊）筑造了很多烽燧亭障，以防匈奴南侵。公元前 77 年，汉兵攻克当道的楼兰国，更其国名曰鄯善。公元前60年，汉置西域都护，屯田于乌垒城（今新疆轮台东），以保护西域通道。早自张骞西使与乌孙结盟后，汉使者、商人便接踵西行，至此丝绸之路日益畅通，大量丝帛锦绣不断西运，同时西域各国的“珍奇异物”也输入中国。王莽当政和后汉时期，西域虽然几度因政局波动与汉廷中断关系，但商业往来并未受很大影响。通过这条丝绸之路，汉与欧、亚、非各国经济、文化的交流达300年，影响十分深远。

这条道路虽然主要是商路，但中国和亚欧各国的政治往来、文化交流也都依赖这条通道。通过丝绸之路，中亚和南亚的音乐、舞蹈、绘画、雕塑、建筑等艺术，天文、历算、医药等科技知识以及宗教先后传播到中国；中国的纺织、造纸以及一些工艺技术（如制作金银器、绘画等）则传到了西方。

唐代以后，海运逐渐发达，西北地区政权兴衰更替，这条陆上的通道因重要性与安全保障逐渐降低而趋于衰落。在元代，由于驿路畅通，又曾繁荣一时。

▲ 古代丝绸之路

一般认为“丝绸之路”东起长安（今西安），西至地中海以达欧洲。它由东向西可分为三段：

东段自长安至玉门关或阳关。其中在黄河以东的道路，与现在的几条公路干线和铁路线大体相当，线路较多，可称陇西道。在黄河以西则是循今武威、张掖、酒泉以至敦煌的“河西走廊”线，只有一条干道，可称河西道。这条主要道路的南面和西面还有一条线路，即自今成都西北通过今松潘，循积石山北麓到青海，沿柴达木北缘，越阿尔金山进入新疆。这条线路是南北朝时南方通往西域的道路，穿过黄河，经吐谷浑境内，所以称为“吐谷浑道”或“河南道”。

中段从玉门或阳关到葱岭（今帕米尔）。途中有广阔干旱的沙漠和高峻寒冷的雪山阻碍，使之成为线路上的咽喉地段。在汉代分为南北两道：南道指昆仑山北麓与塔克拉玛干大沙漠南沿之间的东西通道。其间主要交通点有今若羌、且末、和阗、莎车。从塔克什库尔干越过帕米尔，可南下至印度，或西行至西亚各国。北道指天山南麓与塔克拉玛干大沙漠北沿之间的通道。经过的主要交通点有楼兰和今焉耆、库车、阿克苏。由此或向西南经喀什西越阿赖山脉进入中亚，或向西北越过天山进入中亚。东汉明帝以后，北匈奴被迫西迁，汉朝开辟了另一条道路，称为新北道，即由敦煌转北经伊吾（今新疆哈密西）西至柳中、高昌壁，至焉耆与原北道合。在隋唐时期，又开辟了从瓜州以北的玉门关经伊州、北庭、轮台（今新疆乌鲁木齐北），越伊犁河至碎叶进入中亚的道路。

西段指葱岭以西。也有几条主要通道：一条从帕米尔经瓦罕山谷经阿富汗，向南越过兴都库什山，东南至巴基斯坦和印度；一条越帕米尔经费尔干纳盆地，西行至河中地区，转入伊朗、伊拉克、叙利亚至地中海沿岸，进入欧洲或非洲；一条由中亚西北行，经咸海、里海、黑海以北草原，进入欧洲其他地区。

延伸阅读：行走在“丝绸之路”上的历史名人

张骞

张骞是西汉杰出的外交家和探险家、旅行家，丝绸之路的开拓者。

建元二年（公元前 141 年），张骞奉汉武帝之命，率领 100 多人第一次出使西域，至元朔三年回到汉朝，前后历时 13 年。他们不仅要克服陌生而恶劣的自然环境，还要与匈奴人斗智斗勇，凶险无比。归汉时，当初与张骞一同出使西域的 100 多人，仅剩下张骞和堂邑父二人。

张骞出使西域的影响和历史作用是巨大的——不仅加强了内地与西域地区的联系，也使中国建立了与中亚、西亚的交往通道，打破了秦代以来形成的“闭关锁国”态势。

回长安后，张骞将其见闻向汉武帝做了详细报告，并将东亚、中亚、西亚以至印度诸国的位置、特产、人口、城市、兵力等都做了说明。

这份报告的基本内容被司马迁记录在《史记·大宛列传》中。这是世界上第一次对这些地区翔实可靠的记载，是研究上述地区和国家的古代地理和历史的最珍贵的资料。

张骞出使西域前，世界的东方与西方还彼此隔绝，所以，张骞被梁启超誉为“世界史开幕第一人”。

班超

班超是第二位值得铭记的走过丝绸之路的人，他是东汉时期著名的军事家和外交家。他口齿伶俐，博览群书。父亲是史学家班彪，兄长班固和妹妹班昭也都是著名的史学家。

永平十六年（公元 73 年），汉明帝派窦固等人出兵攻打北匈奴。班超投笔从戎，以代理司马的身份随窦固北征。班超率兵进攻伊吾和蒲类海，斩获甚多，很快就展示出了杰出的军事才能。

窦固非常赏识班超的才干，于是派他与从事（古代官职）郭恂一起出使西域。

班超与郭恂来到鄯善国。起初，鄯善国国王对班超等嘘寒问暖，礼敬备至，后来突然改变态度，变得懈怠冷淡。班超推断，鄯善国国王之所以前恭后倨，一定是因为北匈奴也派来了使者。于是，班超召集36个部下，乘夜向北匈奴使团发动攻击，一举将北匈奴使团全部消灭，从而迫使鄯善国国王把王子送到朝廷作为人质，表示愿意归附朝廷。

“三十六人抚西域，六头火炬走匈奴。”这是南宋著名教育家、理学家陈普所写的诗句，是说班超以超乎常人的胆识与智慧圆满完成了使命。消息很快传到汉明帝耳里，于是汉明帝下令班超由代理司马转为军司马，并让他继续完成出使的任务。

从此，班超开始为古丝绸之路的畅通保驾护航。

班超在西域29年。到永元十二年（公元100年），在班超的经营下，西域50多个国家都归附了汉王朝。不仅如此，其间班超还派甘英出使大秦（罗马帝国），至西海（波斯湾）而还。

永元十四年（公元102年）八月，班超回到洛阳，同年九月逝世，享年71岁。

郑和

郑和是第三位值得铭记的人。他思维敏捷，有智略，英勇善战，有军事指挥才能，开辟了海上丝绸之路。

从永乐三年（公元1405年）到宣德八年（公元1433年）的28年里，郑和七下西洋，途经占城、爪哇、真腊、旧港、暹罗、古里、满刺加、勃泥、苏门答腊、阿鲁、柯枝、大葛兰、小葛兰、西洋琐里、苏禄等30多个国家和地区，开辟了贯通太平洋西部与印度洋等大洋的直达航线，足迹直达西亚和非洲东岸。

值得一提的是，郑和之行比哥伦布发现美洲新大陆早了87年，比葡萄牙的航海家、探险家达·伽马早了92年；比葡萄牙的航海家、探险家麦哲伦早了114年。他的海航之路，书写了中华民族开放进取、和平友好、交流合作和敢为天下先的光辉业绩，推进了人类文明的进步与发展。

9. 唐朝——中国历史上最鼎盛的时期

唐朝（公元 618—公元 907）是继隋朝之后的大一统王朝，是公认的中国历史上最强盛的朝代之一。唐太宗继位后开创了“贞观之治”，之后的皇帝励精图治，强大的国力、缤纷的文化、开放的社会风气，将一个巍峨强盛的大唐帝国展现在世界面前。

在中国的历史上，唐朝是一座绝对令人仰望的高峰之一。在唐玄宗时，唐朝达到鼎盛时期，周边各国都仰慕唐朝的强盛；日本学习大唐，甚至请唐朝的工匠将洛阳城复制到京都，名字也叫洛阳。

唐时版图最大，国土的西部和北部皆超出现代中国的疆界。极盛时东起日本海、南据安南、西抵咸海、北逾贝加尔湖。唐朝攻灭东突厥、薛延陀后，唐太宗被各族尊为天可汗，朝贡之国多达 300 余。

唐朝与各国交流学习，经济、科技、社会、文化、艺术呈现出多元化、开放性等特点；诗、书、画、乐等方面涌现出大批名家，如诗仙李白、诗圣杜甫、诗魔白居易，书法家颜真卿，画圣吴道子，音乐家李龟年等。唐朝时期，在朝做官的外国人达 3000 余人。

唐朝是当时世界上最强盛的国家之一，声名远播，与亚欧国家均有往来。唐以后海外多称中国人为“唐人”。

延伸阅读：贞观长歌——唐太宗李世民

唐太宗李世民（公元598—公元649）是陇西成纪（今甘肃省秦安县）人，唐朝第二位皇帝（公元627—公元649年在位），杰出的政治家、战略家、军事家、诗人。

李世民生于贵族世家，18岁随父举兵反隋，统领三军，为唐王朝统一全国立下了头号战功，随后成为唐朝第二代皇帝，史称太宗。

历经多年战乱，贞观初期的唐朝民生凋敝，百废待兴。年仅29岁的李世民在政治上具有远见卓识，为国家选择了"偃武修文"的和平建设道路，推行了一系列开明的治国方略。他任人唯能，知人善用，广开言路，招贤纳士，自我克制，虚心纳谏，并采取了以农为本、厉行节约、休养生息、文教复兴、完善科举制度等政策措施，社会出现了安定的局面；同时，大力平定外患，尊重民族风俗，稳固边疆，使得唐朝走上了一条快速发展之路，一幅盛世宏图，展现在中华这块曾经多灾多难的辽阔大地上。唐太宗以过人的领导力，做到了治国与治人的完美结合，在文治武功上均取得了超凡建树，被史家公认为中国古代最有作为的帝王。

▲ 唐太宗李世民

贞观二十一年（公元647年），唐太宗被周边回纥等族政权拥戴为"天可汗"，成为各族的共主和最高首领。各族在回纥以南、突厥以北建立了一条"参天可汗道"，"置六十八驿，各有马及酒肉，以供过使”。从此以后，唐廷以玺书赐西域、北荒之君长，皆称“皇帝天可汗”。

没有大治，就没有唐代的繁荣，也就没有光辉灿烂的唐代文化。李世民开创了中国历史上著名的“贞观之治”。他开疆拓土，设立安西四镇，封建统治比较稳定，生产得到较快发展，各民族融洽相处，为后来唐朝一百多年的盛世奠定了重要基础。贞观二十三年五月己巳日（公元 649 年 7 月 10 日），李世民病逝于含风殿，享年 52 岁，在位 23 年，庙号太宗，葬于昭陵。

10. 中国传统医学四大经典

中国传统医学经典指的是对古代乃至现代中医有着重要指导作用、具有里程碑意义的四部经典巨著。但究竟是哪四部，尚存争议，学术界一般认为是《黄帝内经》《难经》《伤寒杂病论》《神农本草经》；有部分中医教材认为是《黄帝内经》《伤寒论》《金匮要略》《温病条辨》。目前采用前者为多。

除此之外，对中医有巨大影响的还有明代李时珍的本草学集大成之作《本草纲目》。该书刊行后，很快流传到朝鲜、日本等国，先后被译成日、朝、拉丁、英、法、德、俄等文字。

延伸阅读：古代医学的奠基者——扁鹊

扁鹊（公元前 401—公元前 310），姓姬，名越人（今河北沧州市任丘市人）。扁鹊确定了中医学切脉诊断的方法，开启了中医学先河。著名中医典籍《难经》即为扁鹊所著。

扁鹊是春秋战国时著名的医学家，居中国古代五大医学家之首，对中医药学的发展有着特殊的贡献。他年轻时虚心好学，刻苦钻研医术，把积累的医疗经验用于平民百姓。他周游列国，到各地行医，为民解除痛苦。

▲ 扁鹊

扁鹊在青年时曾替贵族管理客馆，结拜了名医长桑君，得其真传。他有丰富的医疗实践经验，反对巫术治病。他天资聪颖，善于汲取前代及民间医疗经验，逐步掌握了多种治疗方法，医术达到了炉火纯青的地步。他通过望色、听声，即能知病之所在。因其医术高明，被当时广大老百姓尊称为神医，并且借用上古神话中黄帝的神医“扁鹊”的名号来称颂他。

扁鹊看病行医有“六不治”原则：一是倚仗权势、骄横跋扈的人不治；二是贪图钱财、不顾性命的人不治；三是暴饮暴食、饮食无常的人不治；四是病重不早求医的人不治；五是身体虚弱不能服药的人不治；六是相信巫术不相信医道的人不治。扁鹊在总结前人医疗经验的基础上总结出望（看气色）、闻（听声音）、问（问病情）、切（按脉搏）的诊断方法。在这四诊法中，扁鹊尤擅长望诊和切诊，技术高超，名闻天下。

扁鹊奠定了中国传统中医学诊断法的基础。他用一生的时间，认真总结前人的经验，结合自己的医疗实践，在诊断、病理、治法上对中医学做出了卓越的贡献，在我国医学史上具有承前启后的重要地位，对我国医学发展有较大影响。因此，医学界把扁鹊尊为我国古代医学的祖师，说他是“中国的医圣”“古代医学的奠基者”。

11. 兵书鼻祖——《孙子兵法》

中国古代兵书琳琅满目，早在西周时期，就产生了《军志》和《军政》两部兵书。可惜这两部兵法今已失传。到了西汉初年，军事家韩信整理天下存世兵书，共搜集到182种，足见古代兵书数量之多。

在漫长的历史岁月中，大多数兵书都已失传，流传下来的兵书中最著名的非《孙子兵法》莫属。

《孙子兵法》是中国现存最早的兵书，也是世界上最早的军事著作，被誉为“兵学圣典”。全书有6000字左右，一共13篇。作者为春秋时期伟大的军事家孙武。

《孙子兵法》一书分为始计篇、作战篇、谋攻篇、军形篇、兵势篇、虚实篇、军争篇、九变篇、行军篇、地形篇、九地篇、火攻篇、用间篇。汉代版《孙子兵法》竹简1972年出土于临沂银雀山汉墓中。

《孙子兵法》是中国军事文化遗产的璀璨瑰宝，也是几千年华夏文明的结晶。它是中国古代最伟大的军事理论著作，也是中国古籍在世界影响最大、最广泛的著作之一。《孙子兵法》曾被誉为“前孙子者，孙子不遗；后孙子者，不遗孙子”。它所阐述的谋略思想和哲学思想，被广泛地运用于军事、政治、经济等各领域中。其内容博大精深，思想深邃富赡，逻辑缜密严谨。

《孙子兵法》中包含丰富的辩证法思想，书中探讨了与战争有关的一系列矛盾的对立和转化，如敌我、主客、众寡、强弱、攻守、胜败、利害等。《孙子兵法》正是在研究这种种矛盾及其转化条件的基础上，提出战略和战术的。其中体现的辩证思想，在中国辩证思维发展史中占有重要地位。《孙子兵法》集“韬略”“诡道”之大成，被历代军事家广为援用，其缜密的军事、哲学思想体系，深远的哲理，变化无穷的战略战术，常读常新的内涵，在世界军事思想界拥有广泛的影响，享有极高的声誉。

该书被翻译成英、俄、德、日等20种文字，全世界有数千种《孙子兵法》的刊印本。不少国家的军校把它列为教材。

延伸阅读：中国古代第一部军事教科书——《武经七书》

《武经七书》是北宋朝廷作为官书颁行的兵法丛书，是中国古代第一部军事教科书。它由《孙子兵法》《吴子兵法》《六韬》《司马法》《三略》《尉缭子》《李卫公问对》七部著名兵书汇编而成。宋朝以来一直作为武学必读的《武经七书》，集中了古代中国军事著作的精华。注重军事史学也是中国文化史的一个突出的特点。

《武经七书》基本包括了北宋以前我国古代军事著作的代表作。它阐述了一系列军事战略思想和战术原则，凝聚了中国古代对战争认识的精华。不论在军事理论上，还是在战争实践中，它都对后世乃至世界产生了深远的影响。本丛书的汇编，是北宋在军事理论建设中的一大贡献。它不仅是中华民族的精神财富，也是世界人民共同的精神财富。它奠定了中国古代军事学的基础，对中国和世界的军事科学也产生了积极作用。

12. 人类文明史上杰出的四大发明

2007年，英国《独立报》评出了改变世界的101个发明。中国的四大发明——造纸术、印刷术、指南针、火药及另一发明算盘赫然在列。这里着重介绍中国人类文明史上杰出的四大发明。

造纸术

西汉初年我国发明了造纸术。1986年，甘肃天水放马滩出土的汉景帝时的纸，是迄今所知最早的纸。公元105年，东汉蔡伦改进了造纸术，称"蔡侯纸"。造纸术是书写材料的一次伟大革命。

▲ 古代造的纸

印刷术

隋唐时出现了雕版印刷。公元868年印制的《金刚经》是世界上现存最早的雕版印刷品。11世纪初，北宋平民毕昇发明活字印刷术，比欧洲早四个多世纪。东传朝鲜、日本，西传埃及、欧洲。印刷术的发明，对人类文化的传播和保存，是一个重大贡献。

▲ 古代活字印模

火药

我国古代发明了火药，唐中期书籍记载了它的制作方法。唐末将其运用于军事。南宋时发明“突火枪”，13世纪传到阿拉伯地区和欧洲。火药的发明和传播，改变了中世纪的战争模式，是军事上划时代的一件大事。

▲ 古代火药

指南针

▲ 指南针

战国时制作出指示方向的仪器“司南”，后来用磁石的指南原理制成指南针。北宋时指南针用于航海。13世纪传至阿拉伯地区和欧洲。指南针的发明和传播，为欧洲航海家探索新航路提供了重要工具。

延伸阅读：中国古代科技奇迹

中华民族创造了灿烂的古代文明，众多杰出的科技发明在人类文明长河中熠熠生辉。早在文艺复兴时期，意大利人卡丹就认为中国人的磁罗盘、印刷术和火药是“整个古代无法与之相比的三大发明”，其后这一说法又因培根和马克思的强调而影响巨大。加上造纸术，“四大发明”的提法在全世界广为传播。

然而，“四大发明”远不能全面概括我国古代的伟大创造。随着学界对世界文明史认识的不断深化，随着国人对“创新”的热望，人们正在对中国人的创造力做出新的考量。

现在公认的中国古代重要科技发明创造多达88项。

科学发现与创造30项：

干支
阴阳合历
圭表
十进位值制与算筹记数
小孔成像
杂种优势利用
盈不足术
二十四节气
经脉学说
四诊法
马王堆地图
勾股容圆
线性方程组及解法
本草学
天象记录
方剂学
制图六体
律管管口校正
敦煌星图
潮汐表
中国珠算
增乘开方法
垛积术
天元术
一次同余方程组解法
法医学体系
四元术
十二等程律
《本草纲目》分类体系
系统的岩溶地貌考察

技术发明45项：

水稻栽培
猪的驯化
含酒精饮品的酿造
髹漆
粟的栽培
琢玉
养蚕
缫丝
大豆栽培
块范法
竹子的栽培与综合利用
茶树栽培
柑橘栽培
以生铁为本的钢铁冶炼技术
分行栽培（垄作法）
青铜弩机
叠铸法
多熟种植
针灸
造纸术
胸带式系驾法
温室栽培
提花机

指南车
水碓
新莽铜卡尺
扇车
地动仪
翻车（龙骨车）
水排
瓷器
马镫
雕版印刷术
转轴舵
水密舱壁
火药
罗盘（指南针）
顿钻（井盐深钻及汲制技艺）
活字印刷术
水运仪象台
双作用活塞式风箱
大风车
火箭
火铳
人痘接种术

工程技术 13 项：

曾侯乙编钟
都江堰
长城
灵渠
秦陵铜车马
安济桥
大运河
布达拉宫
苏州园林
沧州铁狮子
应县木塔
紫禁城
郑和航海

13. 历史悠久的舞台艺术

中国戏剧（含戏曲）、曲艺、音乐、舞蹈、中国功夫等都是历史悠久的舞台艺术，其中各民族地区的戏曲剧种多达 360 种，以京剧、越剧、黄梅戏、评剧、豫剧影响最大，被称为五大戏曲剧种。

京剧被誉为我国的“国粹”，2010 年，京剧被列入“世界非物质文化遗产代表作名录”。京剧形成于清代。乾隆五十五年（1790 年），四大徽班进北京，接受了昆曲、秦腔的部分剧目、曲调和表演方法，通过不断的交流、融合，最终形成京剧。这一艺术形式在晚清民国时期达到空前繁荣。

越剧是我国第二大剧种，主要流行于上海、江苏、浙江、福建、江西、安徽等地。越剧长于抒情，在发展过程中汲取了昆曲、话剧、绍剧等特色剧种的表演艺术，题材多以“才子佳人”为主。

黄梅戏发源于湖北黄梅县，传入安徽省后，得到极大发展，成为安徽省主要地方戏曲剧种。其中的经典曲目《天仙配》享誉海内外。2006 年，黄梅戏被列入首批国家级非物质文化遗产名录。

评剧是流传于中国北方的一个剧种，是在河北滦县一带的小曲“对口莲花落”基础上形成的，时间大约在清末。评剧先是在河北农村流行，后进入唐山，称“唐山落子”。20 世纪 30 年代以后，评剧表演在京剧、河北梆子等剧种影响下日趋成熟。“评剧”之名，相传是李大钊所起，意思是“以评论社会，评书说唱为重”。2006 年，评剧被列入首批国家级非物质文化遗产名录。

豫剧是河南地方戏曲，旧称河南梆子，形成于明朝中后期。豫剧是在河南梆子的基础上发展而来的。在唱法上又分为豫东调、豫西调和沙河调。豫剧的影响范围不仅仅限于河南省内，在周边诸省亦有很大影响。

元朝是中国戏剧史上的黄金时代。当时，古代戏剧艺术之一的杂剧非常流行。关汉卿（1234—1307）就是当时最享盛名的卓越的杂剧作家，一生写了 60 多部杂剧，代表作是《窦娥冤》，其与《牡丹亭》《西厢记》《长生殿》合称为中国四大古典戏曲。

延伸阅读：梅兰芳与京剧《贵妃醉酒》

《贵妃醉酒》是素有“伶界大王”“四大名旦之首”的京剧表演艺术家梅兰芳的代表作之一，也是梅派经典代表剧目之一，是最能体现京剧艺术综合之美的作品。这折戏不仅在国内享有盛名，在国际上也享有美誉。

《贵妃醉酒》又名《百花亭》，是京剧传统剧目。讲的是杨贵妃约唐明皇赴百花亭饮宴，但唐明皇迟迟不到。杨贵妃得知皇帝已转驾西宫，既失望又愤怒，遂饮酒消怨，以至大醉，怅然返宫。梅兰芳为了从京剧老艺人路三宝那里学习《贵妃醉酒》这出戏，不惜送上三百大洋的学费，这在当时是笔巨款。

▲ 梅兰芳贵妃醉酒（剧照）

在掌握了这出戏后，梅兰芳先生进行改造，抛弃其糟粕，使之焕发出新的艺术活力。在改造的过程中，在形式上放弃了模仿女人小脚的“踩跷”，而尽可能保存了衔杯、卧鱼、云步、醉步等“京剧技术”，并融汇花旦、刀马旦等行当的表演技术，创立了“花衫”这个新行当，同时注入适应时代潮流的“京剧思想”。

1914 年梅兰芳的《贵妃醉酒》首演，大受好评。此戏是梅兰芳推进京剧改革创新的尝试。此后 46 年间，梅兰芳演出《贵妃醉酒》数百场，并边演边改，不断完善，精益求精，写下了京剧发展史上辉煌的一页，是世界戏剧史上的一枝奇葩。

梅兰芳的《贵妃醉酒》也成了诸家《贵妃醉酒》中最经典的版本。1955 年，梅兰芳拍摄了京剧电影《贵妃醉酒》，进一步弘扬了国粹艺术。

14. 中国古代重大文化工程——《四库全书》与藏书阁

《四库全书》是清代乾隆时期编修的一部大型丛书。在清高宗乾隆帝的主持下，由纪昀等360多位高官、学者编撰，3800多人抄写，收入古代流传下来的3462种图书，按照经、史、子、集分为四大类，故称“四库全书”。

《四库全书》历时19年完成，共有79338卷、3.6万余册，约8亿字。《四库全书》修成后，共抄写7部。先抄好的4部分别收藏于紫禁城内的文渊阁、盛京（今沈阳）宫内的文溯阁、圆明园的文源阁、承德避暑山庄的文津阁，这就是所谓的“北四调”。后抄好的三部分别收藏在扬州的文汇阁、镇江的文宗阁、杭州的文澜阁。由于近代战乱，完整保存下来的仅有3部，即文渊阁、文溯阁、文津阁所藏版本。

《四库全书》是中国古代最大的一部丛书，是中国古代重大文化工程，也是对中国古典文化所做的一次全面总结。中国文、史、哲、理、工、农、医，几乎所有的学科都能够从中找到源头和血脉。

延伸阅读：我国古典文学的精粹——唐诗宋词元曲

唐诗是诗歌的经典，著名的诗人有李白、杜甫、白居易、王维等。宋词元曲是我国古典文学的精粹之一，是民族文化的瑰宝，代表人物有李清照、苏轼、辛弃疾、关汉卿、马致远等。很多名词、名曲已经深入人心，百姓耳熟能详，渗透在我们的日常生活中。在倡导弘扬民族文化、加大国学传承力度的今天，青少年应多学习古典文学的精品，进而领略中华传统文化的博大精深。

唐诗

春望

〔唐〕杜甫

国破山河在，城春草木深。
感时花溅泪，恨别鸟惊心。
烽火连三月，家书抵万金。
白头搔更短，浑欲不胜簪。

宋词

念奴娇·赤壁怀古

〔宋〕苏轼

大江东去，浪淘尽，千古风流人物。
故垒西边，人道是，三国周郎赤壁。
乱石穿空，惊涛拍岸，卷起千堆雪。
江山如画，一时多少豪杰。
遥想公瑾当年，小乔初嫁了，雄姿英发。
羽扇纶巾，谈笑间，樯橹灰飞烟灭。
故国神游，多情应笑我，早生华发。
人生如梦，一尊还酹（lèi）江月。

15. 儒家经典“四书五经”

过去人们常说，一个人博学，必定饱读“四书五经”。

古人所说的“四书五经”指的是九部儒家经典。“四书”是《论语》《大学》《中庸》《孟子》；“五经”是《诗》《书》《礼》《易》《春秋》。

春秋末年，儒学创始人孔子亲自整理了六部经典，即《诗》《书》《礼》《易》《乐》《春秋》。《诗》即《诗经》，是一部先秦诗歌集，收录诗歌305首。《书》即《尚书》，是一部史书，记录了上古三代的部分历史文献和事迹。《礼》即《周礼》，是儒家经典，记载了周朝的礼法。《易》即《周易》，是阐述天地世间万象变化的一部书。《乐》也叫《乐经》，是讲述乐理的书。《春秋》则是孔子家乡鲁国的编年史。这六部书寄托了孔子的哲学思想和政治主张，因而受到后世儒家学者的尊崇。300年后，秦始皇焚书坑儒，加上秦末天下大乱，许多先秦典籍惨遭毁灭。《乐》就在这一时期失传，“六经”只剩下五经。西汉初年，汉朝政府多次从民间搜集图书，保存了“五经”等儒家经典。汉武帝独尊儒家学说，专门设置了“五经博士”这个官职，以讲授、传播儒家学说，“五经”的说法由此开始。儒家思想也成了此后两千年间中国官方的统治学说。

除了“五经”以外，儒家还有许多经典。唐代把《周礼》《仪礼》《公羊传》《谷梁传》《孝经》《论语》《尔雅》与“五经”并列，称之为“十二经”。宋朝人又把《孟子》一书加入其中，称“十三经”。

“十三经”中，《论语》是孔子的言论集，《孟子》是亚圣孟子及其门人的著作。这两本书是孔孟思想的直接承载者，因此为宋人所推崇。南宋时，儒学大师朱熹从《礼记》中抽出《大学》《中庸》两篇，与《论语》《孟子》相配，并称之为“四书”。“四书”的说法由此而来。

“四书五经”详细记载了中华民族思想文化发展史上最活跃时期的政治、军事、外交、文化等各方面的史实资料及影响中国文化几千年的孔孟重要哲学思想。时至今日，“四书五经”所载内容及哲学思想对我们现代人具有积极意义和极强的参考价值。

延伸阅读：中国历史典籍“二十四史”与《资治通鉴》

中国古人十分重视历史，将其作为治理天下的主要参考。因此早在先秦时代，统治者就设置史官来记录历史。进入封建社会，各个王朝更是形成了“易代修史”的传统。即每个王朝都要为前一个朝代编修历史，以此作为总结历史经验，进行政治宣传、教化的手段。

到了清代，乾隆皇帝从历代编修的纪传体史书中挑选了24部，钦定为“正史”，此即“二十四史”。它们是：《史记》《汉书》《后汉书》《三国志》《晋书》《宋书》《南齐书》《梁书》《陈书》《魏书》《北齐书》《周书》《隋书》《北史》《南史》《旧唐书》《新唐书》《旧五代史》《新五代史》《宋史》《辽史》《金史》《元史》《明史》。二十四史共有3217卷、4700多万字，记录了从传说中的黄帝时代到明朝灭亡4000多年的历史，内容涵盖我国古代政治、经济、军事、思想、文化、天文、地理等各方面，是一部卷帙浩繁的中国历史典籍。如此长时间跨度的、系统完备的历史记录，举世罕见。

《资治通鉴》是北宋著名历史学家司马光主编的一部多卷本编年体史书，历时19年完成。主要以时间为纲、事件为目，从周威烈王二十三年（公元前403年）写起，到五代后周世宗显德六年（公元959年）征淮南停笔，包含了16朝1362年的历史。

《资治通鉴》全书294卷，300多万字，另有《考异》《目录》各30卷。

《资治通鉴》全书按朝代分为十六纪，即《周纪》五卷、《秦纪》三卷、《汉纪》六十卷、《魏纪》十卷、《晋纪》四十卷、《宋纪》十六卷、《齐纪》十卷、《梁纪》二十二卷、《陈纪》十卷、《隋纪》八卷、《唐纪》八十一卷、《后梁纪》六卷、《后唐纪》八卷、《后晋纪》六卷、《后汉纪》四卷、《后周纪》五卷。

《资治通鉴》的内容以政治、军事和民族关系为主，兼及经济、文化和历史人物评价，目的是通过对事关国家盛衰、民族兴亡的评述警示后人。

宋神宗认为该书“鉴于往事，有资于治道”，因而钦赐书名《资治通鉴》。该书体现了史家治史资政意识的增强，也体现了封建帝王利用史学为政治服务意识的增强。

《资治通鉴》是一部编年体通史（《史记》为第一部纪传体通史，《春秋》为现存最早编年体史书），按时间先后叙述史事，说明其前因后果，使人得到系统而明晰的印象；展示历代君臣治乱、成败、安危之迹，作为历史的借鉴。

16. 在世界园林史上独树一帜的中国园林

世界上的园林可分为三个系统——中国园林、欧洲园林、西亚园林。我国园林有着悠久的历史，它那“虽由人作，宛自天开”的艺术原则，那融传统建筑、文学、书画、雕刻和工艺等艺术于一炉的综合特性，在世界园林史上独树一帜，享有很高地位。

我国历史上出现过许多设计精巧的园林，最著名的要数清代的圆明园。据史书记载，圆明园历经康熙、雍正、乾隆、嘉庆、道光五个王朝才宣告完成。圆明园集中西建筑艺术精华于一身，所以又被称为“万园之园”。但令人痛心的是，1860 年 10 月，英法联军入侵北京，一把大火把它化为灰烬。

早在隋唐时期，我国园林艺术已发展到一个高峰，不仅建设了很多皇家园林，还出现了庐山草堂、辋川别业这样的私家园林。前者是唐朝著名诗人白居易在庐山修建的，汇聚了庐山的天地精华。后者是唐朝著名诗人王维修建的，他有一首诗就是专门描写这处园林的，最后四句是“优娄比丘经论学，伛偻丈人乡里贤。披衣倒屣且相见，相欢语笑衡门前”。

▲ 园林一角

随着岁月的流逝，许多园林都消失了，我们今天看到的大部分是明清时期建设的园林。比如妇孺皆知的苏州园林。苏州园林中最著名的是拙政园。拙政园的第一代主人是明朝的一位御史。后来几经变迁，留存至今的大多是太平天国时期忠王李秀成修缮和扩建的。拙政园充分发挥了江南水乡的特色，将人工建筑与自然景观巧妙地结合在一起，形成了一种独特的建筑风格。

和拙政园同样齐名的是留园。留园的主人也是明朝的一位官员。别看留园很小，可它的风光独具特色，不仅有山水，还有田园，更有亭台楼阁，给人一种身处其中、流连忘返的体验。此外，还有沧浪亭，亭中的对联——“清风明月本无价，近水远山皆有情”，一语道破江南园林的内涵。与江南园林不同，北方的园林多体现出皇家的气度——宏大雄伟、雍容华贵，宫殿与园林完美结合。

延伸阅读：世界五大宫之首——北京故宫

北京故宫是中国明清两代的皇家宫殿，旧称紫禁城，位于北京中轴线的中心，是中国古代宫廷建筑之经典。北京故宫以三大殿为中心，占地面积 72 公顷，建筑面积约 15 万平方米，有大小宫殿 70 多座，房屋 9000 余间，是世界上现存规模最大、保存最为完整的以木质结构为主的古建筑之一。

北京故宫于明成祖永乐四年（1406 年）开始建设，以南京故宫为蓝本，到永乐十八年（1420 年）建成。它是一座长方形城池，南北长 961 米，东西宽 753 米，四面围有高 10 米的城墙，城外有宽 52 米的护城河。故宫内的建筑分为外朝和内廷两部分。外朝的中心为太和殿、中和殿、保和殿，统称三大殿，是举行重大典礼的地方。内廷的中心是乾清宫、交泰殿、坤宁宫，统称后三宫，是皇帝和皇后居住的正宫。

北京故宫位居世界五大宫之首（法国凡尔赛宫、英国白金汉宫、美国白宫、俄罗斯克里姆林宫），是国家AAAAA级旅游景区，1961年被列为第一批全国重点文物保护单位，1987年被列为世界文化遗产。

故宫古建筑有别于现代建筑。就类型而言，有用于居住的，如宫殿、土楼、四合院；有供休憩的，如亭台楼阁；有供观赏的，比如假山；有供祭祀和祈福的，比如各种庙宇；有用于交通的，比如各种桥梁等；有用于军事的，比如城墙；有用于生产的，比如各种水利工程。另外，古建筑的形式也多种多样。就拿屋顶来说，有悬山顶、硬山顶、庑殿顶、歇山顶、攒尖顶等。就古建筑的技法来说，多采用榫卯、斗拱、抬梁、穿斗等方式来连接。古建筑的思想——注重实用的同时，不忽略对美的追求，强调天人合一，追求与时俱进。

▲ 北京故宫

17. 中国古代文人的琴棋书画诗酒茶

中国古代文人一个最大的特点，就是在主业之外，热衷于琴棋书画诗酒茶。这七种本领，可用于谋生，更是精神生活的重要寄托。

先说琴。一首由古琴演奏的《高山流水》，因一个故事被世人广为流传。相传先秦的琴师俞伯牙一次在荒山野岭弹琴，遇到樵夫钟子期，竟能领会琴音的表意。

俞伯牙是楚国的著名音乐家，从小非常聪明，天赋极高，很喜欢音乐，他拜当时很有名气的琴师成连为老师。

俞伯牙三年学成，为追求更高的技艺，开始游历四方，寻访名家，苦练琴艺，琴技日益精妙。一日在林中即兴弹奏，钟子期听了立刻心生共鸣。伯牙鼓琴，志在高山，钟子期曰："善哉，峨峨兮若泰山！"志在流水，钟子期曰："善哉，洋洋兮若江河！"伯牙所念，钟子期必得之。此后，两人因琴结缘，结拜为生死之交。并约定，在俞伯牙周游结束后去拜访子期。等到两人约定会面的日子，却阴阳两隔——钟子期已故去，伯牙悲痛欲绝，在知己墓前弹奏了最后一曲，将珍爱一生的琴砸碎于墓前，终生不再弹琴。这就是"伯牙绝弦"的故事。

再来说棋。围棋是我国传统棋类之一，古代称作"弈"，与我国古代另一种游戏"博"并称为"博弈"。围棋相传起源于尧、舜时代，盛于六朝。春秋末期，围棋已经在贵族阶层社会相当流行了。唐、宋、元、明时期高手辈出，到了清朝尤盛。迄今为止已有2500多年的历史。中国象棋也具有悠久的历史。战国时期已经有了关于象棋的记载，如《楚辞·招魂篇》："菎蔽象棋，有六簙些；分曹并进，遒相迫些；成枭而牟，呼五白些。"《说苑》："足下千乘之君也……燕则斗象棋而舞郑女。"由此可见，在战国时代，象棋已在贵族阶层中流行了。早期的象棋是模拟战斗的一种游戏，棋子用象牙雕刻而成。

书和画就更不用说了。中国历史上的著名文人，大多是书画大家，像苏轼、黄庭坚、唐伯虎、徐文长等，还有近现代的李叔同、苏曼殊、启功等。徐文长曾自称"书法第一，诗第二，文第三，画第四”。我们知道，王维是诗中有画、画中有诗，徐文长则书中有画、画中有书。

诗也是中国文人生活的重要部分。诗能给人带来精神的慰藉。我们常说，要诗意地活着，就是诗给我们的最大启示。中国历史上著名诗人杜甫、李白、屈原、苏轼、陶渊明、王维、白居易、曹植、辛弃疾、李商隐等都喜欢饮酒。文人离不开诗，也离不开酒，酒能激发人的灵感。比如李白经常醉中写诗。在陕西眉县曾出土6000多年前的陶质酒具。从饮酒、制曲酿酒到有了专用酒具，要经历较长时间，所以说中国酿造谷物酒的历史不会少于7000年。

最后就是茶。唐代文人卢仝写过一首《七碗茶》的长诗："一碗喉吻润，二碗破孤闷，三碗搜枯肠……"中国茶道奠基人、唐代陆羽著的《茶经》是我国乃至世界现存最早、最完整、最全面介绍茶的专著，被誉为茶叶的百科全书。

延伸阅读：传世名画——《清明上河图》

中国的绘画，可以说是星汉灿烂、光彩夺目。例如广为人知的《清明上河图》，是中国十大传世名画之一、北宋画家张择端仅见的存世精品，属国宝级文物，现藏于北京故宫博物院。清明即清明节，上河即开封城的汴河。

相传，画这幅图的张择端年轻的时候穷困潦倒，为了生存，不得不栖居大相国寺，以画画为生。有一天，宋徽宗来大相国寺游玩，听说此地有位画师，就派人找到了他。宋徽宗在写诗作画上是绝世高手，听说张择端能在一幅画中把整个东京城的风景全部收进去，不觉动心了，就立刻下令让他画一幅这样的画。

张择端很有信心，对皇帝说，画这样一幅画没什么问题，但不能在皇宫中画，需要在安静的农舍中画。春去秋来，寒来暑往，张择端聚精会神、拼尽全力，终于画成了这幅《清明上河图》。该画长 528.7 厘米、宽 24.8 厘米。画家以长卷的形式，采取散点透视法，即站在多个焦点上进行透视的方法，生动描绘了 12 世纪开封城的城市面貌、民风民俗和各色人等的生存状况，展示了开封城的生活全景。

▲ 清明上河图（局部）

整幅画大致可分成三个部分：郊外、汴河附近以及城内。先看郊外，我们能看到一支骆驼队正在从远处缓缓走来。然后是一片小树林，中间有几户人家。此外，还有娶亲的队伍，缓慢地移动着。再来看汴河，汴河是北宋时期的交通枢纽，往来从商的人很多。我们能看到码头上繁忙的场景，还能看到一座很大的桥，那就是虹桥。据说，当初修建虹桥时，没用钉子，而且技艺非常精湛。第三部分是城内。以城楼为中心，两旁的店铺非常多，既有算命摊位、酒店和肉铺，还有说评书的、美发的。而且当时人们乘坐的交通工具也是各色各样的，有轿子、骆驼、牛车、人力车以及太平车等。值得一提的是，画面中人来人往、络绎不绝，展现了一个大都市的繁华。

张择端把画呈上去，宋徽宗龙颜大悦，亲自题写了“清明上河图”五个大字。就这样，由于皇帝的推荐，加之张择端高超的艺术水平，《清明上河图》顺理成章地成为流传至今的国宝。

18. 统一多民族国家的捍卫者——康熙

爱新觉罗·玄烨（1654—1722），清定都北京后第二位皇帝（1661—1722 年在位），年号康熙。顺治帝第三子，母亲为孝康章皇后佟佳氏。蒙古人称他为恩赫阿木古朗汗或阿木古朗汗（蒙古语“平和宁静”之意，为汉语“康熙”的意译）。西藏人尊称其为“文殊皇帝”。康熙帝 8 岁登基，14 岁亲政，在位 61 年，是中国历史上在位时间最长的皇帝。

▲ 康熙

继位初期，康熙面临巨大危机，一是中央与地方或民族分裂势力之间的矛盾：诸如三藩割据西南，郑氏割据台湾，漠西蒙古准噶尔部在西北叛乱。二是中华民族与外来侵略势力之间的矛盾：有沙俄入侵我国东北的黑龙江流域。三是民族之间的矛盾：满汉民族矛盾尚未平复，与蒙、藏之间的关系需要弥合等。这是对年轻皇帝极大考验的多事之秋。

16 岁的康熙帝在铲除权臣鳌拜后，首先是消除“三藩”之乱。清军占领北京后，清军论功封赏，封明降将吴三桂等为王，合称“三藩”。1673 年，为了国家统一，康熙帝决定“撤藩”，亲自指挥平叛，大胆起用汉将、重用绿营，从 1673 到 1681 年历时 8 年终于平定“三藩”之乱。

平定“三藩”之乱，殃及十省，使刚刚恢复的社会经济惨遭破坏。康熙帝随即注重缓和满汉民族矛盾，尊重各民族文化传统，崇尚儒学，尊奉孔子（亲书“万世师表”），并恢复开科取士、延揽汉族文士，既缓和了阶级、民族矛盾，又加快了满族文化的发展。

继而在内蒙古设立“木兰围场”，作为围猎、避暑、练兵，处理民族事务的特殊场所，从而稳固了北边大局。

接着全力解决台湾问题。康熙帝收复台湾时，正值他 30 岁。此时，他亲政已经 16 年，经过 8 年平定地方割据势力“三藩”的磨炼，更加成熟，更加坚定，也更加睿智。康熙帝的人格魅力和智慧韬略，在收复台湾过程中，得到淋漓尽致发挥，可称为三个“善”：一是善抓时机；二是善于用人；三是善定制度。

1642 年，郑成功从荷兰人手里收复台湾，是有历史功绩的，但清王朝统一大陆后，其子郑经坚持地方割据。这时清政府还没有武力收复台湾的实力，就先后同郑经进行了 11 次谈判，也曾经采用经济封锁手段促其回归，但都未能如愿。随着“三藩”之乱的平定，清政府改变策略，以武促统，以战逼和，命施琅统兵进攻澎湖，一举攻占了澎湖列岛，歼灭了郑经的军事力量。进而展开政治攻势，促使郑经集团接受招抚，最终实现了台湾的收复大业。后清廷采用施琅的建策，在台湾设县、府、巡道，派军驻守，加强统治，此举结束了郑氏家族 20 余年的偏安局面，使台湾回到祖国大陆的怀抱。

康熙 1673—1681 年平定“三藩”之乱、1681—1684 年收复台湾、1685—1689 年反击沙俄侵略（雅克萨之战和签订《尼布楚条约》），再到 1690—1696 年平定准噶尔部叛乱等，步步为营，稳扎稳打，刚好从西南、东南到东北最后是西北的逆时针走向。

显然，康熙帝开疆拓土，维护祖国统一，加强民族团结与反对外来侵略相结合，从时序上也一目了然，环环相扣，从而巩固了清朝的统治，维护了祖国领土和主权的完整，巩固了空前统一的多民族国家，进而有助于明确清朝前期是现代中国版图最终奠定的时代。

康熙一生勤奋勉力，在政治上和经济上都有重大建树，对中国的发展做出了贡献。

延伸阅读：中国历史上最后一个封建王朝

清朝（1636—1912）是中国历史上最后一个封建王朝。

1616年，建州女真首领努尔哈赤建立后金。1636年，皇太极改国号为大清。1644年，驻守山海关的明将吴三桂降清，多尔衮率领清兵入关，至1659年平定大顺、大西、南明等政权。后又平定三藩之乱、收复台湾，完成全国统一。康熙、雍正、乾隆时期是大清的鼎盛期。在此期间，传统封建社会取得了前所未有的成就。清初人口增加，土地增垦，物产盈丰，边境无事，社会生活繁荣稳定，综合国力远胜于汉唐。

其间，中国古代以来的专制也走向最高峰。清朝前期农业和商业发达，江南出现了密集的商业城市，并出现了大商帮；人口突破4亿大关，占世界总人口10亿的近一半。

清朝极盛时期，积极维护国家领土主权的完整，统一的多民族国家得到巩固和发展。乾隆年间，中国作为统一的多民族国家的格局最终形成。

鸦片战争后遭列强入侵，中国沦为半殖民地半封建社会。1912年2月12日，清帝溥仪颁布了退位诏书，清朝从此结束。

近代的屈辱与抗争

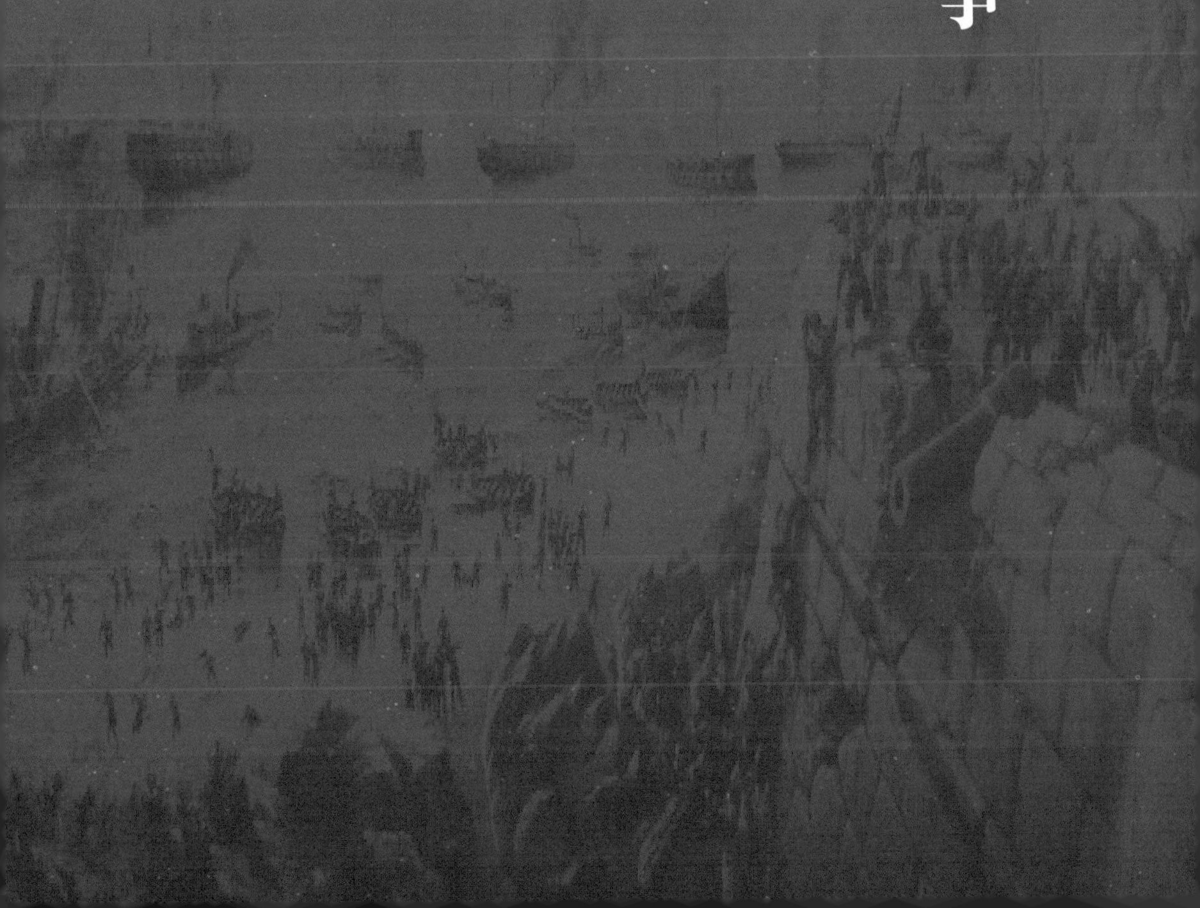

“近代的屈辱与抗争”中讲述了中华民族心灵的创痛，同时也反映了中华民族不畏强敌的反抗斗争精神，激励着中华儿女知耻而后勇，自强不息、砥砺前行。

1. 百年国耻开端的事件——鸦片战争

19 世纪，西方经过工业革命，经济飞速发展。而此时的中国仍然处于封建社会，经济依靠的是传统的农业，渐渐地全面落后于西方。但清朝统治者却沉迷于“天朝上国”的梦幻当中。

当时的西方列强中，以英国最为强大。它的殖民地遍及全球，号称“日不落帝国”。英国殖民者野心勃勃，想把地大人多的中国变成其商品倾销地，从中牟取暴利。1793 年，英国派马嘎尔尼出使中国，要求清朝开放市场。乾隆皇帝未答应，只允许英商和其他西方商人在广州一地经商。在此后的中英贸易中，中国进口额远远小于出口额，属于出超的一方，大量白银从英国流入中国。这使得英国利益受损，于是他们开始向中国输入鸦片。

▲ 鸦片战争

鸦片，俗称大烟，是从罂粟中提取的一种毒品。它虽然具有一定的药用价值，但极易成瘾，长期吸食，会破坏人体内分泌和免疫系统。不但如此，吸食者的毒瘾还会越来越大，最后骨瘦如柴，直至死亡。人们一旦染上毒瘾，便难以戒断，只能不断购买鸦片，直至倾家荡产。

鸦片被贩卖到中国后，迅速泛滥。英国凭借鸦片一举扭转贸易逆差，大量白银流入英国。鸦片泛滥既损害了清政府的财政利益，也造成了严重的社会问题。1839年，清政府派钦差大臣林则徐抵达广州，主持禁烟。林则徐勒令外国烟贩交出所有鸦片，驱逐英国商人，并于6月3日至25日在虎门将鸦片当众销毁。

虎门销烟的消息传到了伦敦。英国怒不可遏，便以保护商人利益为由，于1840年出动舰队，发动侵华战争。因为这场战争是因鸦片贸易而引发，所以史称“鸦片战争”。英国舰队于6月出现于中国海域，开始封锁广州海面。不久，英国舰队沿中国海岸线北上天津，沿途攻城略地。清朝军备废弛，武器落后，被打得节节败退。眼见英军逼近天津，清军又不堪一击，道光皇帝惊慌失措，忙下令惩办林则徐以讨好英国人，另派大臣琦善南下广州与英国谈判。英军此时也需要休整，便同意谈判。

鸦片战争后，西方殖民者纷纷入侵中国。继英国之后，法、美等国也强迫清政府签订不平等条约，出卖国家主权。英、法殖民者不满足于已取得的利益，于是又在鸦片战争结束14年后，借口“亚罗号事件”“马神父事件”再次发动侵华战争。由于这次战争相当于鸦片战争的延续，所以人们称其为“第二次鸦片战争”。俄国也趁火打劫，入侵东北。

鸦片战争是中国近代百年国耻的开端。中国不仅领土主权遭到侵犯，而且开始沦为半殖民地半封建社会。“四万万人齐下泪，天涯何处是神州”，中华大地从此进入漫漫长夜。

延伸阅读： 极不平等的《南京条约》《北京条约》

《南京条约》是中国近代史上第一个不平等条约。该条约于道光二十二年七月二十四日（1842 年 8 月 29 日）由清廷代表耆英、伊里布、牛鉴与英国代表璞鼎查在停泊于南京下关江面的英舰上签订，标志着第一次鸦片战争的结束。

《南京条约》共十三款，其中要求中国：（1）割让香港岛；（2）向英国赔偿鸦片烟价、商欠、军费共 2100 万银元；（3）五口通商，开放广州、福州、厦门、宁波、上海五处为通商口岸，允许英国人居住并派驻领事；（4）协定关税，英商应纳的进出口货税、饷费，中国海关无权自主；（5）废除公行制度，准许英商在华自由贸易等。此外，也规定了双方官吏平等往来、释放对方军民以及英国撤军等事宜。

▲《南京条约》

道光二十三年（1843 年）7 月 22 日、10 月 8 日，耆英与璞鼎查又先后签订中英《五口通商章程》和《虎门条约》，作为《南京条约》的补充和细则，将协定关税和租界制度予以落实，并使英国取得领事裁判权、最惠国待遇等权益。

《南京条约》破坏了中国的领土完整和关税主权，便利了英国对华的商品输出，使中国开始沦为半殖民地半封建社会。《南京条约》签订后，西方列强趁火打劫，相继强迫清政府签订了一系列不平等条约，进一步侵犯了中国的主权，破坏了中国的经济，并加速了清王朝的灭亡。

《北京条约》包括《中英北京条约》《中法北京条约》《中俄北京条约》，是 1860 年清朝政府于第二次鸦片战争后在北京分别与英国、法国、俄国签订的不平等条约。清政府委任钦差大臣奕䜣作为谈判及签约代表。签约地点在北京礼部衙门（今天安门广场东南角）。1887年与葡萄牙签订《中葡和好通商条约》，亦称《中葡北京条约》。

▲《北京条约》是第二次鸦片战争后与国外签订的不平等条约

三个条约约文现收藏于台北外双溪“故宫博物院”。这些极不平等条约的签订进一步加深了中国半殖民地半封建社会程度的逆向形成。

2. 租界——帝国主义列强强行获取的租借地

租界，是近代以来西方殖民者通过不平等条约，以租用给本国侨民居住地的名义，强行在中国划分出来的势力范围。列强在租界之内享有治外法权，有独立的行政、税收、警务体系，不受中国政府管辖，俨然是“国中之国”。

1845年，英国迫使清政府设立上海英租界，这是近代中国历史上第一个租界。美、法等国纷纷效法，在上海分割土地，设立自己的租界。1853年，上海爆发小刀会起义。起义者攻占县城，使清政府在上海的统治陷入瘫痪。英、法、美三国借口保护租界，于1854年7月成立联合租界，在租界内组建市政府和警察武装。1862年，法租界从联合租界中独立。次年，英美租界正式合并，后改称“上海国际公共租界”，由多国共管。至1899年，公共租界总面积已达3万多亩。公共租界内不仅居住着英国人、美国人和华人，还有德国、俄国、丹麦、意大利、葡萄牙、瑞典、奥地利、西班牙和荷兰人。

▲ 上海租界

租界是近代中国耻辱的标志。

延伸阅读：为收回租界抗争，洗刷百年屈辱

列强在租界内凭借不平等条约，享有种种特权，可以恣意欺侮中国人民，掌握中国的财政。在租界内的华人，无论贵贱，均被洋人歧视。他们只有纳税的义务，却没有半点权利。如在英、美等国经营的上海公共租界外滩公园门口，殖民者公然挂起了“华人与狗不得入内”的牌子，显示了赤裸裸的对华歧视。

华人与租界内的洋人矛盾十分尖锐，近代以来发生了多次冲突。自辛亥革命以来，中国人一直在为收回租界而不懈奋斗。如1927年收回汉口、九江英租界，就是其中一起著名事件。英国是当时在中国拥有租界数量最多的国家。1927年，中国第一次国内革命战争方兴未艾。1月3日，武汉各界为北伐胜利组织的讲演队到城内各重要地段讲演，宣扬革命思想。演讲人员在武汉英租界旁演讲时，遭到英军挑衅，造成中国人一人死亡、数十人受伤，史称“一三”惨案。惨案发生后，全国哗然。中国共产党号召全国群众“与英帝国主义者决一死战”。中共江西九江地委、九江总工会接到上级组织关于支援武汉人民反帝斗争的指示，于 1927 年 1 月 6 日发动反英罢工和游行。租界英军镇压罢工，酿成“一六”惨案。九江人民义愤填膺，强烈要求收回英租界。在各界群众的坚决斗争下，英国被迫于 2 月 19 日、20 日与武汉国民政府签订了汉（汉口）案、浔（九江）案协定，正式把汉口、九江英租界无条件归还给中国。这是鸦片战争以来中国人民反帝外交斗争史上的一次伟大胜利。

中华人民共和国成立后，列强在中国的租界被全部收回，压在中国人民心头一百多年的民族屈辱至此被洗刷。

3. 太平天国农民起义

▲ 太平天国运动

太平天国运动指清朝咸丰元年到同治三年（1851—1864）间，由洪秀全、杨秀清、萧朝贵、冯云山、韦昌辉、石达开等领导的反封建、反侵略的农民战争。1864 年，太平天国首都天京（南京）陷落，起义失败。

太平天国运动发生的背景是，鸦片战争后，中国开始沦为半殖民地半封建社会。列强凭借《南京条约》中的一系列不平等条约，从政治、经济等方面大肆侵华。清政府为了支付高达2800万银元的战争赔款和赎城费，弥补由于鸦片大量输入而造成的财政亏空（道光二十七年至二十八年即公元1847年至1848年，中国每年须以白银支付的贸易逆差为1000万银元），横征暴敛，增加税收一至三倍以上。加之外国工业品的大量倾销，冲击了中国城乡手工业，农民和手工业者纷纷破产。地主阶级乘机兼并土地，加重剥削。

民族矛盾的加剧促进了国内阶级矛盾的激化，广大农民饥寒交迫，纷纷揭竿而起。鸦片战争后的10年间，各族人民的反清起义达100多次。

广西是多民族聚居区，清朝统治者对广大少数民族的民族压迫和阶级剥削十分严酷；加上天灾人祸，广大农民苦不堪言，反抗斗争此起彼伏，终于在道光三十年（公元1850年）末爆发了由洪秀全领导的大规模太平天国农民起义。

太平天国运动是中国历史上规模最大的农民起义，坚持了14年，势力扩展到17省，颁布了《天朝田亩制》等反封建措施，有力地打击了清王朝封建统治和列强的侵略，加速了封建社会的崩溃。

延伸阅读：太平天国运动领袖洪秀全

洪秀全（1814—1864）领导的太平天国运动，是中国乃至世界史上最大规模的农民起义。起义最终虽然失败，然而对近代中国的变革产生了极为重要影响，甚至可以说为辛亥革命创造了条件。

洪秀全的一生，既是一部英雄的史诗，也是一幕历史的悲剧。他起自布衣，坚信“古来事业由人做”。1856年，洪秀全在金田村振臂一呼，一场历时 14 年、席卷 17 省的农民起义拉开了序幕。

洪秀全和他领导的太平天国，为后人留下一笔可贵的精神财富。南京太平天国历史博物馆现藏有太平天国历史文物 2140 件，其中一级藏品 33 件（套），还有大量的原始档案资料、图书。洪秀全故居已成为广东省爱国主义教育基地。洪秀全故居、洪氏祠堂、洪秀全纪念馆成为洪秀全故乡游的三大品牌。

4. 英法联军火烧圆明园

▲ 圆明园遗址

1860 年 10 月 7 日，一向静谧的北京西郊却颇不平静。圆明园一带火光冲天，烈焰飞腾。在火光的照耀下，影影绰绰看到无数太监、宫女哭声震天，东奔西走，四处躲避。大火彻夜不息，足足燃烧了三天三夜，深秋时节凉爽的空气也被大火烤得干燥而灼热。当笼罩在圆明园上空的滚滚浓烟逐渐散去，只剩下废墟上的余火还在燃烧，住在附近惊恐万分的老百姓才敢悄悄从家中出来一探究竟。他们惊讶地发现，昔日戒备森严的皇家禁地，已经是墙倒屋塌，宛如人间地狱一般。此时在北京城内得知此事的恭亲王奕䜣面色发白，两腿发软，如一摊烂泥般瘫在军机处的地上……

咸丰十年（1860年）英法联军攻占北京后，占据圆明园。中国守军寡不敌众，圆明园总管大臣文丰投河自尽，住在园内的常嫔受惊身亡。英国军队首领额尔金在英国首相帕麦斯顿的支持下，竟下令烧毁圆明园。3500名英法联军冲入圆明园，四处纵火，圆明园及附近的清漪园、静明园、静宜园、畅春园以及海淀镇均被烧成一片废墟。安佑宫中，近300名太监、宫女、工匠葬身火海，这座世界名园化为一片灰烬，成为世界文明史上罕见暴行的见证。

10月13日，英法侵略军攻占了安定门，控制了北京城。10月18日和19日，这伙强盗抢劫了万寿山、玉泉山和香山等几处属园中所藏的珍贵文物，并进行第二次大焚烧，烧毁了上述几处属园的殿阁建筑。

圆明园是清代大型皇家园林，全园面积5000多亩，建筑面积达20万平方米，始建于康熙四十八年（1709年），有“万园之园”之称。圆明园文物被掠夺的数量粗略统计约有150万件，上至先秦时期的青铜礼器，下至唐、宋、元、明、清历代的名人书画和各种奇珍异宝。现仅存残垣断壁，即游人见到的圆明园遗址公园。

延伸阅读：世界文明史上罕见的暴行

火烧圆明园无疑是历史上最为野蛮恶劣的文化毁灭行为，或许亚历山大大帝图书馆的焚毁及哥特部落践踏罗马可以与之相提并论。法国人当时就指出，这就如同罗浮宫和法国国立图书馆同时被毁。火烧圆明园充分说明了这些列强的伪善及种族主义基因。在欧洲文明国家间，此类文化毁灭行为甚至在战争期间都是不可想象的。中国人永远不会忘记这场浩劫，今天仍记忆犹新。

法国大文豪雨果于1861年对圆明园做出这样的评价："你只管去想象那是一座令人心驰神往的、如同月宫的城堡一样的建筑，夏宫（指圆明园）就是这样的一座建筑。""人们常常这样说：希腊有帕特农神殿，埃及有金字塔，罗马有斗兽场，东方有夏宫。这是一个令人叹为观止的无与伦比的杰作。"

火烧圆明园这场浩劫，正如雨果所描绘和抨击的那样："有一天，两个强盗闯进了夏宫，一个进行抢劫，另一个放火焚烧。他们高高兴兴地回到了欧洲，这两个强盗，一个叫法兰西，一个叫英吉利。他们共同'分享'了圆明园这座东方宝库，还认为自己取得了一场伟大的胜利！"

享誉世界的名园圆明园的毁灭，既是西方侵略者野蛮摧残人类文化的见证，也是文明古国落后挨打的证明。

5. 洋务运动和中法之战

▲"洋务运动"中金陵机器制造局自制的格林炮

洋务运动，又称自强运动，是19世纪60年代至90年代晚清洋务派奉行"师夷之长技以制夷"所进行的一场引进西方军事装备、机器生产和科学技术以挽救清朝统治的自救运动。

1861年1月11日，爱新觉罗·奕䜣会同桂良、文祥上奏《通筹夷务全局酌拟章程六条》，推行一项以富国强兵为目标的洋务运动。1861 年辛酉政变后，慈禧重用洋务派，大规模引进西方先进的科学技术、兴办近代化军事工业和民用企业。

对于 1883 年的清政府而言，国内已经有将近 20 年没有发生大规模战争了。以李鸿章等人为首的“洋务派”利用这 20 多年的喘息时间引进西方先进工艺和技术，建立了相对现代化的造船厂和海军军官学校——福州船政学堂、马尾造船厂以及配有先进火炮的海防炮台。此时，尽管清军在越南与入侵的法军时有冲突，但还远远未到全面战争的地步。一切看起来似乎太平无事……然而第二年的中法马江海战却击碎了洋务派的“梦想”。在这场海战中，福建水师全军覆没，马尾沦陷，船政局及马尾造船厂被焚毁。

作为当时三大水师之一的福建水师的主要基地——福州船政局，由晚清名臣左宗棠一手创办，是中国近代第一所相对现代化的造船厂与海军人才培养基地。从船政学堂走出的海军人才，活跃于晚清至民国的海军史上。当时船政局一号干船坞的规模仅次于英国普利茅斯海军造船厂的船坞。该船坞可以建造 110 米级别的各型战舰，这在当时的远东太平洋地区也是独一无二的。

福建水师驻地位于闽江马尾段偏上游地区，防御能力较强。1884 年 7 月 12 日，法国政府向中国发出最后通牒，要求在 7 天内满足其“撤军”“赔款”等蛮横要求。法国扬言，如果中国不接受法国提出的要求，法国便要占领福州的港口作为“担保品”。7 月 14 日在孤拔的率领下，法国军舰以“游历”为名陆续进入马尾军港，集结在罗星塔下。钦差会办福建海疆事宜大臣张佩纶、闽浙总督何璟、福建船政大臣何如璋、福建巡抚张兆栋和福州将军穆图善等人竟然放任法舰进入马尾，并要求福建水师各舰“不准先行开炮，违者虽胜也斩”。

8 月 23 日，法舰突然不宣而战。位于港内的水师各舰由于没有船政大臣何如璋的命令，没有预先准备，在法舰的突然袭击之下竟然没有起锚迎战，仅与兵力、装备优势的法军进行对射。由于弹药不足（何、张等人之前下令不得向各舰补给弹药），十余分钟之后便纷纷作鸟兽散，约半个小时之后法舰便扫平了江上的清军抵抗力量。而此时收到法国远东联合（特混）舰队司令孤拔战书的何、张等人才下令对法舰开火，但大势已去。好在遭到海防炮台阻拦射击交叉火力之下的法国舰队未能通过马尾防线，否则法军占领福州，历史将会改写。

6. 中日甲午战争

1894 年 7 月 25 日，日本军舰在丰岛海域偷袭济远、广乙两艘运兵船，不宣而战，揭开了甲午战争的序幕。一个多月后的黄海海战中，中国舰队在黄海被日本舰队击败。

▲ 图为战斗中的“致远”舰

1894 年 9 月 17 日，清朝北洋舰队与日本海军在黄海大东沟海面展开血战，这就是中日甲午战争中最为壮烈的黄海大战。北洋舰队将领邓世昌率“致远”舰等拼死抗敌，并以受伤之舰撞击敌主力舰“吉野”号，全舰官兵 250 余人全部壮烈殉国。

次年 2 月，号称亚洲最强的北洋水师——拥有 25 艘舰船、

4000余名官兵的中国第一支近代化海军舰队，在威海全军覆没。

由于日本蓄谋已久，而清朝北洋舰队仓皇迎战，这场战争以中国战败、北洋水师全军覆没而告终。中国清朝政府迫于日本军国主义的压力，于1895年4月17日签订了《马关条约》。条款包括割让台湾岛及其所有附属岛屿、澎湖列岛和辽东半岛给日本，赔偿日本军费白银2亿两等。

甲午战争的结局给中华民族带来空前严重的民族危机，大大加深了中国社会半殖民地化的程度。中国各阶层人士从此开始觉醒，以不同形式投身于救亡图存的活动中。

延伸阅读：誓死保卫台湾的民族英雄刘永福

台湾是中国不可分割的领土，在历史上曾出现多位誓死保卫台湾的民族英雄，刘永福就是其中之一。

刘永福（1837—1917），广西防城古森洞小峰乡人，祖籍博白东平，原是反清的黑旗军将领。1883年率黑旗军参加中法战争，屡次大败法军。

▲ 刘永福

甲午战争期间，刘永福奉命赴台抗日，但最终失败。清廷被迫签订了《马关条约》，将台湾和澎湖割让给日本。台义军统领丘逢甲倡议建立“台湾民主国”。1895年5月25日，台湾民众公推巡抚唐景崧为“台湾民主国”总统，刘永福为大将军。后唐景崧回到大陆，同年6月刘永福被公推为“台湾民主国”第二任总统，但他三拒总统印，而以抗日盟主的身份领导台湾民众抗日。同年10月19日，刘永福兵败内渡大陆，两日后台南陷落，“台湾民主国”灭亡，存在仅150天。

1911年7月，刘永福参加了孙中山领导的同盟会。10月10日，辛亥革命在武昌爆发，他不顾年迈体弱，与留粤的革命党人联络活动，积极响应革命。11月9日广东宣告独立，11月14日，刘永福应广东都督胡汉民之请，出任广东省民团总长，统领广州数十万军民。他尽自己最大努力，整顿队伍，发布通告，分兵巡守，维护社会秩序，为巩固新生的革命政权做出了重大贡献。两月后，全省革命秩序基本安定，刘永福即请辞民团总长职务，告老返乡。

1915年，窃国大盗袁世凯为了巩固自己"大总统"的地位，与日本签订了丧权辱国的"二十一条"，不惜牺牲国家民族的利益，来换取日本侵略者的支持，企图复辟帝制。刘永福闻讯后，义愤填膺，请缨抗日，反对复辟，获得了全国各族人民的拥护。

1917年1月，刘永福病卒于钦州。

7. 八国联军侵华战争

▲ 八国联军侵华

八国联军侵华战争，指1900年5月28日（清光绪二十六年）以大英帝国、美利坚合众国、法兰西第三共和国、德意志帝国、俄罗斯帝国、大日本帝国、意大利王国、奥匈帝国为首的八个国家对大清帝国的武装侵略战争。

1900 年春，义和团运动如火如荼，八国联军以镇压义和团为名入侵中国。

侵华军队总人数前后约为 5 万人，装备精良，声势浩大。1900 年 8 月 14 日，北京城彻底沦陷，八国联军所到之处，杀人放火、奸淫抢掠，从紫禁城、中南海、颐和园中偷窃和抢掠的珍宝更是不计其数。其中著名的万园之园“圆明园”继英法联军之劫后再度遭劫，终成废墟。八国联军总司令瓦德西在后来也承认说：“所有大清帝国此次所受毁损及抢劫之损失，其详数将永不能查出，但为数必极重大无疑。”1901 年 9 月 7 日，八国联军与清政府签订《辛丑条约》，中国自此彻底沦为半殖民地半封建社会，给国家和人民带来空前沉重的灾难。

延伸阅读：丧权辱国的《辛丑条约》

1900 年（庚子年），义和团运动在中国北方部分地区达到高潮，大清帝国和列强开战不敌，八国联军占领了北京。1901 年（辛丑年）9 月 7 日上午，清廷全权代表奕劻和李鸿章与 11 国代表签订了屈辱的《解决 1900 年动乱最后议定书》，即《辛丑条约》。

《辛丑条约》第六款议定，清政府赔偿俄、德、法、英、美、日、意、奥八国及比、荷、西、葡、瑞典、挪威六国“受害国”的军费、损失费 4.5 亿两白银，赔款的期限为 1902 年至 1940 年，年息 4 厘，本息合计为 9.8 亿多两，是为“庚子赔款”。其中俄国以出兵满洲，需费最多，故所得额最大，为 1.3037 亿两。这笔钱史称“庚子赔款”，西方人称之为“拳乱赔款”。《辛丑条约》规定的赔款，按全国人口计算，每人摊派大约一两银子。

《辛丑条约》中规定，清政府向八国共赔款白银 4.5 亿两，美国应得到其中的 3200 多万两，折合美元 2400 多万。在其后的 1903—1905 年“付金付银”交涉和 1922—1924 年的“金法郎案”交涉中，中国背负的赔款又先后增加了 800 万两和 7000 万两白银。

《辛丑条约》记录的是近代中国一段屈辱的历史，它激起中华民族的旧恨新仇，中国人民在反帝反封建的斗争中，进一步觉醒。

8.“巴黎和会”与五四爱国运动

1918 年，第一次世界大战结束。以英法为首的协约国集团取得了战争的胜利。为了瓜分战利品，确定战后世界新秩序，由英、法、美等国牵头，27 个国家在巴黎召开和平会议，商议战后事宜。两年前，中国北洋政府在协约国怂恿下对德宣战，派出 14 万劳工远赴欧洲，支援协约国作战。当时，协约国许诺在战争胜利后给予中国应有的尊重和利益保障。这次巴黎和会，中国自然以战胜国身份派出代表参加。

但是“巴黎和会”实际上是协约国列强分赃的不平等会议。不仅战败国遭到英法等列强盘剥，就是许多有战胜国名分的弱国、小国的利益也遭到强国践踏。在会议上，日本代表提出让同为战胜国的中国将德国在山东的特权转让给日本的无理要求，遭到中方代表顾维钧等人的坚决反对。然而当时日本强大，中国孱弱，英、法、美等国考虑到自身在远东的利益，最终在 4 月 30 日支持了日本的主张，并拒绝了中方代表提出的列强撤出在华势力范围、废除“二十一条”等合理要求。

这一消息在 5 月 1 日传遍全国，举国舆论大哗。在首都北京，工商界、教育界和许多爱国团体纷纷通电，斥责列强背信弃义的无耻行径，并坚决要求北洋政府捍卫国家利益。

5月4日下午，北京13所大中学校3000多名学生代表云集天安门广场抗议示威，提出“誓死力争，还我青岛”“收回山东权利”“拒绝在巴黎和约上签字”“废除二十一条”“抵制日货”“外争主权，内除国贼”等口号。这就是历史上著名的“五四运动”。“内除国贼”，就是惩办有亲日卖国行为的交通总长曹汝霖、币制局总裁陆宗舆、驻日公使章宗祥。学生游行队伍放火烧了曹汝霖的住宅赵家楼。章宗祥恰好就在赵家楼，遭到义愤填膺的学生的痛打。北洋军警逮捕了学生代表32人。

▲ 五四运动中群众集会

北京各界人士以示威游行、请愿、罢工等形式抗议北洋政府逮捕学生。从5月19日起，北京、天津、上海、南京、杭州、重庆、南昌、武汉、长沙、厦门、济南、开封、太原等地学生陆续罢课。北洋政府总统徐世昌下令镇压抗议活动，又先后抓捕了800多名爱国学生。全国爱国热情已被点燃，民众闻听大批学生被捕，更加激愤。

6月3日以后，爱国运动进入一个新的阶段，中国的工人群众参加了斗争。上海工人、店员大规模罢工，以响应学生。

参加罢工者多达十万人。自此，五四运动的中心由北京转向上海，工人成了五四运动的主力军。上海各界成立联合会，领导工人罢工、学生罢课、商人罢市的“三罢运动”。南京、天津、济南、九江、杭州、武汉、南昌等地的工人也纷纷响应，举行大规模罢工，五四运动进入高潮阶段。北洋政府见民情汹汹，只好下令释放被捕学生，并于6月10日宣布免去曹汝霖、章宗祥、陆宗舆三人的职务。6月28日，在国内舆论压力下，“巴黎和会”上的中国代表拒绝在和约上签字。至此，五四爱国群众运动取得了胜利。

五四运动是一场对帝国主义毫不妥协的爱国运动，工人群众在这次运动中登上了历史舞台。这场伟大的爱国运动，被认为是中国新民主主义革命的开端。

延伸阅读：五四精神

五四精神的核心内容为“爱国、进步、民主、科学”。

新时代中国青年处在中华民族发展的最好时期，既面临着难得的建功立业的人生际遇，也面临着“天将降大任于斯人”的时代使命。新时代中国青年要继续发扬五四精神，以实现中华民族伟大复兴为己任，不辜负党的期望、人民期待、民族重托，不辜负我们这个伟大时代。五四运动时期的先进青年在民族危难之际，用他们的热血与激情谱写了一曲浩气长存的青春赞歌；新时代中国青年在全面建成小康社会、加快建设社会主义现代化国家、实现中华民族伟大复兴的历史际遇中，理应紧握先辈的接力棒，发扬以爱国、进步、民主、科学为主要内容的伟大五四精神，用青春之我谱写绚丽篇章。在新时代发扬五四精神，需要深入理解五四精神的内涵，加强对五四精神的时代价值的研究，让五四精神放射出更加夺目的时代光芒。

9. 北洋军阀统治覆灭

北洋军阀是清朝末年由袁世凯建立的封建军事政治集团。清政府自镇压太平天国运动以来所依靠的湘军和淮军，在中日甲午战争中一败涂地，腐朽不堪。为了支撑危局，清政府于1894年冬任命淮系官僚胡燏棻到小站训练新式陆军。1895年，清政府派袁世凯接管这支军队，这就是北洋军建立的开始。

北洋军按照德国的营制和操典进行训练，与旧式军队不同。北洋军阀就是随着北洋军的建立和发展而形成的。为了控制北洋军，袁世凯从一开始就注重搜罗党羽，拼凑班底。其中最重要的有袁世凯的老朋友徐世昌和被称为“北洋三杰”的天津武备学堂毕业的王士珍、段祺瑞、冯国璋等人，这些人构成了后来北洋军阀的骨干。

1898年，袁世凯依靠北洋军，出卖维新派，换得西太后和荣禄的信任，袁世凯及北洋军初露头角。1899和1900年，袁世凯又依靠北洋军镇压山东义和团，得到中外反动派的赏识。1901年，袁世凯继李鸿章

▲ 北洋军阀旧照

后，担任举足轻重的直隶总督兼北洋大臣。袁世凯利用职权，竭力扩充自己的实力，到1905年，北洋六镇全部练成，兵力六七万人。

随着北洋军的扩张，逐渐形成了以袁世凯为首的封建军事政治集团——北洋军阀。1911年武昌起义后，袁世凯依靠北洋军和帝国主义的支持，一方面迫使清政府交出实权；另一方面迫使革命党人妥协。1912年，袁世凯窃取了中华民国临时大总统的职位，从此开始建立起北洋军阀对中国长达17年的反动统治。

1913年，袁世凯武力镇压了反袁的“二次革命”，建立并巩固了其专制独裁统治，北洋军阀的势力达到鼎盛时期。1915年，复辟帝制失败。1916年，袁世凯死后，在帝国主义的支持下，北洋军阀分为直、皖、奉三系，各派军阀争权夺利，混战不已。1926年皖系军阀段祺瑞被赶下台，1927年直系军阀被国民革命军消灭，1928年奉系军阀政府垮台，北洋军阀对中国17年的统治结束。

延伸阅读：北洋军阀统治下的乱世

北洋军阀是民国军阀势力之一，由袁世凯掌权后的北洋新军主要将领组成。袁世凯死后，北洋军阀纷纷割据，各自建立势力范围，但在名义上仍接受“北京政府”的支配。“北京政权”实际上由不同时期的军阀所控制。因此在北洋军阀时期，“北京政府”又有北洋军阀政府（简称北洋政府）的称呼。北洋军阀主要分为直系、皖系、奉系三大派系，历史上把长江吴淞口以北的军阀也称为北洋军阀。

北洋军阀各派系都有军队，并视其为私产。他们靠军队起家走上政治舞台，继而又靠扩充军队去实现更大的政治野心。

“有兵则有权，兵多则权大”成为这一时期最鲜明的政治特色。

北洋军阀各派系都占据着一块地盘。这期间虽然中央政权被袁世凯及皖、直、奉系军阀轮番控制，但全国实际上始终都由各军阀分别占据着。大小军阀都在自己控制的地盘内自定法律，自定税收，任意搜刮和奴役人民。军阀割据地区形成“独立王国”，军阀则是这“王国”的“土皇帝”，它的存在是这一时期中国各种政治势力分裂的基础。

▲ 北洋军阀军警逮捕北京大学学生

北洋军阀各派系都有帝国主义作为靠山。帝国主义为扩大对华侵略，竞相在中国扶植军阀势力。各派军阀为求得“主子”的支持，不惜出卖国家主权和利益，充当帝国主义侵略中国的“代理人”。

北洋军阀各派系都是封建主义者。军阀们在政治上代表了封建地主阶级的利益，在文化上大搞封建复古主义，在思想上表现出浓厚的封建地方主义、宗族主义、皇权主义色彩。在他们的军队和政权机构中，大小文武官员概由其同系、同僚、同学、同乡以及族人、亲戚、朋党来充任。靠这种封建裙带关系，他们图谋建立自己的“家天下”，做“土皇帝”。

北洋军阀的统治方法都极端残暴而且愚昧。各派军阀倚恃武力，实行军事独裁统治。反动统治不得人心，自始至终处于人民反抗怒潮的包围之中。正是人民的大革命，使其统治处于风雨飘摇之中。1927年“四一二”以前尚未公开背叛孙中山“三民主义”的国民党政府顺应历史潮流，终于摧毁北洋军阀的残余势力，把它赶下历史舞台。但由于产生军阀的社会基础并未改变，国民党新军阀又代之而起。

10. 伟大的革命先行者孙中山

孙中山（1866—1925），广东香山（今中山市）人，中国近代民主革命的伟大先行者。

孙中山青少年时代受到广东人民奋起抗争的影响，向往太平天国的革命事业。1905 年他在日本东京联络留日革命志士，合并反清团体兴中会、华兴会、光复会而组成中国同盟会，并被推举为总理。确定“驱除鞑虏，恢复中华，创立民国，平均地权”为革命纲领。后在《民报》发刊词中，他提出民族、民权、民生三大主义，即三民主义学说。1907—1911 年，先后发动八次武装起义。1911 年 10 月 10 日武昌起义成功后，于 12 月 25 日由欧洲返回上海，29 日在十六省代表会上当选为中国第一任临时大总统。次年 1 月 1 日到南京宣誓就职，组建“中华民国”南京临时政府。他在任职期间颁布了中国第一部宪法《中华民国临时约法》。2 月 13 日，在帝国主义和封建势力逼迫下，辞去临时大总统职，由袁世凯接任。8 月 25 日，同盟会改组为国民党，孙中山被推为理事长，9 月，接受袁世凯政府的任命，担任全国铁路督办。1913 年 3 月，袁世凯派人刺死宋教仁，他愤而发动反袁

▲ 孙中山

的“二次革命”，旋即失败。1914年在日本组织中华革命党，被推为总理。此后两次发表《讨袁宣言》，反对袁世凯复辟帝制。1917年段祺瑞拒绝恢复国会和《中华民国临时约法》，他在广州召开国会非常会议，组织护法政府，当选为海陆军大元帅，誓师北伐。1918年因受桂系军阀和政学系排挤，被迫辞职退居上海。次年创办《星期评论》和《建设》杂志，并撰成《建国方略》，发表《实业计划》，将中华革命党改组为中国国民党。1921年在广州就任“中华民国”政府非常大总统。

孙中山于1923年提出“联俄、联共、扶助农工”三大政策。1924年1月，在广州召开国民党第一次全国代表大会，发表改组宣言，通过党纲党章，将旧三民主义发展为新三民主义，实现了第一次国共合作。同年6月创办黄埔军官学校。11月北上讨论国是，在《北上宣言》中，他发出对内召开国民会议、对外废除不平等条约两大号召。年底到达北京，同北洋军阀进行坚决斗争。由于积劳成疾，病情日益恶化，于1925年3月12日在北京病逝，终年59岁。留有遗嘱“革命尚未成功，同志仍须努力”。

延伸阅读：辛亥革命与“中华民国”

辛亥革命，是指发生于中国农历辛亥年（清宣统三年），即公元1911年至1912年初，旨在推翻清朝专制帝制、建立共和政体的全国性革命。

1911年夏天，湘、鄂、粤、川等省人民为反对清政府将民办的川汉、粤汉铁路出卖给帝国主义，爆发保路运动，运动在四川省尤其激烈。9月25日，荣县独立，成为全国第一个脱离清王朝的政权，把保路运动推向高潮。10月10日晚，新军工程第八营的革命党人打响武昌起义的第一枪。汉阳、汉口的革命党人分别于10月11日夜、10月12日攻占汉阳和汉口。起义军掌控武汉三镇后，湖北军政府成立，黎元洪被推举为都督，改国号为“中华民国”。武昌起义胜利后短短两个月内，湖南、广东等15个省纷纷宣布脱离清政府宣告独立。1912年2月12日，清帝发布退位诏书。至此，中国延续2000余年的帝制宣告终结。

▲ 辛亥革命武昌起义纪念馆

辛亥革命是近代中国的民族民主革命。它在政治上、思想上发生了不可低估的解放作用。辛亥革命开创了近代民族民主革命，推翻了统治中国几千年的君主专制制度，建立起共和政体；传播了民主共和理念，推进了中华民族思想的解放，以巨大的震撼力和影响力推动了中国社会变革。

“中华民国”（1912—1949）是辛亥革命以后建立的亚洲第一个民主共和国，简称“民国”。

辛亥革命和“中华民国”的成立，是我国近代史上最具重大意义的历史事件之一，它标志着我国延续了两千多年的封建制度的终结，同时对我国近代民主政治、社会文化、经济形态等各方面产生了深远影响。

没有共产党就没有新中国

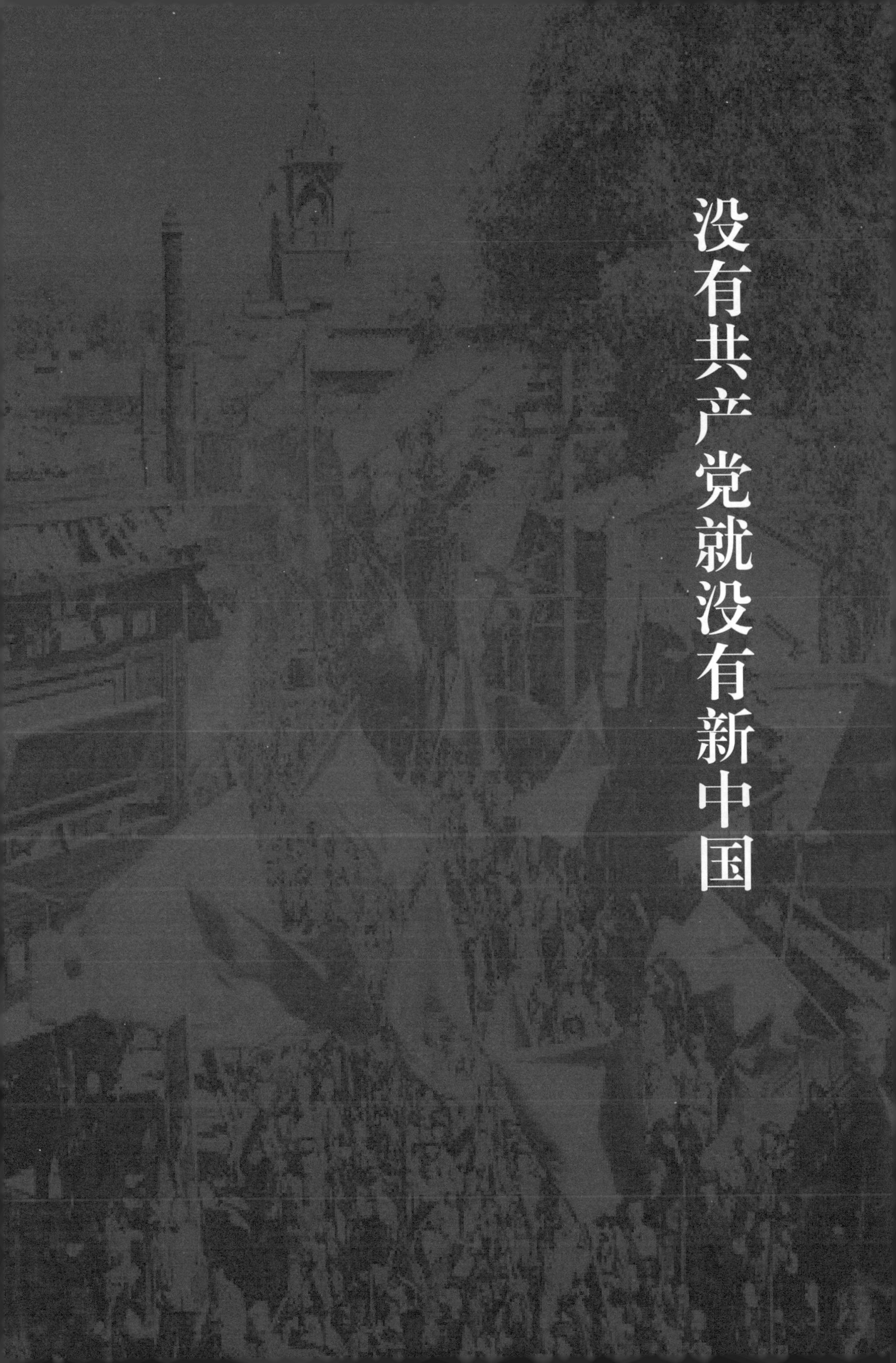

“没有共产党就没有新中国”是通过事实证明只有中国共产党才能救中国，只有中国共产党才能使中国人民站起来、富起来、强起来。中国共产党的领导是历史的必然，是中国人民唯一正确的选择。

1. 十月革命一声炮响，给中国送来了马克思列宁主义

卡尔·马克思（1818—1883），德国思想家、政治学家、哲学家、经济学家、革命理论家、历史学家和社会学家，马克思主义的创始人，第一国际的组织者和领导者，马克思主义政党的缔造者之一，全世界无产阶级的伟大导师和领袖。主要著作有《资本论》《共产党宣言》等。恩格斯是马克思的亲密战友。

▲ 马克思

马克思和恩格斯逝世后，他们的继承者继续把马克思主义推向前进。列宁（1870—1924）把马克思主义同俄国革命的具体实践结合起来，创造性地发展了马克思主义。

1917 年 10 月 25 日，列宁领导的布尔什维克武装力量向资产阶级临时政府所在地圣彼得堡冬宫发起总攻，推翻了资产阶级临时政府，建立了苏维埃政权。

俄国十月革命，是俄国工人阶级在布尔什维克党领导下联合贫农完成的伟大的社会主义革命。因发生在俄历 1917 年 10 月 25 日（公历 11 月 7 日），故称“十月革命”。

俄国十月社会主义革命是人类历史上第一次获得胜利的社会主义革命，世界上第一个社会主义国家由此诞生。十月革命的胜利沉重打击了帝国主义的统治，推动了国际社会主义运动的发展，鼓舞了殖民地半殖民地人民的解放斗争。这场革命改

变了俄国历史的发展方向，对整个人类社会的发展产生了巨大的影响。

毛泽东在1949年写了一段这样的论述：“十月革命一声炮响，给我们送来了马克思列宁主义。十月革命帮助了全世界、也帮助了中国的先进分子，用无产阶级的宇宙观作为观察国家命运的工具，重新考虑自己的问题。走俄国人的路——这就是结论。”

十月革命结束了资本主义独占天下的局面，并为之后的社会主义阵营的形成奠定了基础。

延伸阅读：读懂马克思

在中国，马克思主义的广泛传播是在俄国十月革命后开始的。在中国传播马克思主义最早的革命先驱者是五四运动以前的新文化运动精神领袖，代表人物为李大钊、陈独秀。其次是五四运动的左翼骨干，代表人物为毛泽东、蔡和森、周恩来等。最后是一部分是原中国同盟会会员、辛亥革命时期的活动家，代表人物为董必武、吴玉章、林伯渠等。

1920年3月，李大钊在北京发起中国最早学习和研究马克思主义的团体——马克思学说研究会，把经过五四运动锻炼的优秀青年组织起来，学习和研究马克思主义学说。在他的教育和影响下，很多青年接受了马克思主义，走上了革命道路，促进了马克思主义在中国更大范围的传播。

李大钊在“黑暗的中国”高举起马克思主义的火炬，如同窃来天火的“普罗米修斯”，率先在一片荒原上披荆斩棘地开辟出一条传播马克思主义的道路，哺育了一大批杰出的共产主义者，促进了中国人民的觉醒。

马克思主义的传播打破了封建专制制度一统天下的沉闷气

息，让思想冲破牢笼，民族精神获得极大振奋。李大钊为宣传马克思主义而写的诸多热情洋溢的文章，给马克思主义在中国的传播开了一个好头。正如鲁迅先生所说的那样：“他的遗文都将永在，因为这是先驱者的遗产，革命史上的丰碑。”

“马克思没有死，他还活着”已成为时代强音。马克思主义理论是植根于实践并随着实践不断发展的科学理论，是我们认识世界、把握规律、追求真理、改造世界的强大思想武器。学习研究和运用马克思主义理论只有进行时，没有完成时。

《活着的马克思》（中央编译出版社出版，程建宁等编著）一书，着眼于干部群众的实际需要，是学习马克思主义的生动教材。该书将马克思的事迹、著作和精神三方面结合在一起，塑造了马克思集思想家和革命家于一身的形象，体现了马克思坚持科学性与革命性、理论与实践相统一的品格。这样的结构安排，可以使读者联系马克思的生平阅读马克思的著作，结合马克思的实践理解马克思的思想；通过马克思的事迹和著作感受他的崇高精神和人格魅力，认识一个有血有肉的“活着的马克思”，进而读懂马克思、敬仰马克思，树立对社会主义、共产主义的坚定信仰。

2. 中国共产党在“红船”上诞生

“七一”是中国共产党的生日。中国共产党第一次全国代表大会于 1921 年 7 月 23 日举行，会场设在上海法租界望志路 106 号（今兴业路 76 号）。最后一天的会议转移到浙江嘉兴南湖的游船上举行。

1921 年 7 月，中共一大在上海秘密举行。7 月 30 日晚，一个法租界的侦探闯进会场，环视一周后说“我找错了地方”，便匆匆退出。代表们迅速离开会场，十几分钟后，法租界巡捕包围了会场，结果扑了空。8月2日上午，一大代表毛泽东、何淑衡、董必武、陈潭秋、王尽美、邓恩铭、李达、李汉俊、陈公博、张国焘、刘仁静、周佛海以及陈独秀指定的代表包惠僧共13位，由李达夫人王会悟做向导，从上海乘火车转移到嘉兴，在南湖的一艘画舫上完成了大会议程，宣告中国共产党成立。

▲ 中共一大开会的画舫“红船”

中国共产党领导中国人民经过土地革命、抗日战争、解放战争，浴血奋战，于1949年建立了中华人民共和国。

中国共产党是中国工人阶级的先锋队，是中国人民和中华民族的先锋队，是中国特色社会主义事业的领导核心，代表中国先进生产力的发展要求，代表中国先进文化的前进方向，代表中国最广大人民的根本利益。党的最高理想和最终目标是实现共产主义。

延伸阅读：弘扬“红船精神”

2005年6月21日，浙江省委书记习近平在《光明日报》上刊发的署名文章《弘扬“红船精神”走在时代前列》，首次提出并系统阐述了“红船精神”，认为“红船精神”是中国革命的精神之源。其内涵是：开天辟地、敢为人先的首创精神；坚定理想、百折不挠的奋斗精神；立党为公、忠诚为民的奉献精神。

3. 震惊中外的“五卅运动”

1925 年 5 月 15 日，上海日商内外棉七厂资本家借口存纱不足，关闭工厂，停发工人工资。工人顾正红带领工人冲进工厂与资本家理论，要求复工和开工资。日本资本家非但不允，而且向工人开枪射击，打死顾正红，打伤十余人，成为“五卅运动”的直接导火索。5 月 30 日，在中国共产党领导下，上海学生、工人 2000 多人在上海租界举行反帝国主义游行。英国军警大肆拘捕爱国学生。随即，上万群众云集租界，要求释放学生。英国军警开枪镇压，打死 13 人，重伤数 10 人，逮捕 150 余人。这就是震惊中外的“五卅惨案”。

“五卅惨案”激起了中国人民郁积已久的怒火。从 6 月 1 日起，上海全市开始了声势浩大的反对帝国主义的罢工、罢课、罢市。在上海附近的英、美、意、法等国海军上岸镇压，10 日内打死、打伤群众数十人。上海人民不惧帝国主义的武力镇压，相继有 20 余万工人罢工，公共租界的中国商人集体罢市，另有 5 万多学生罢课。就连租界的中国巡捕也受到影响，宣布罢岗。

▲“五卅运动”现场局部

在中国共产党的领导和推动下，“五卅运动”迅速波及全国。有 25 个省约 1700 万人参加了运动。帝国主义见武力镇压不成，又通过分化收买，要求北洋政府协助镇压、取缔各地工会等方式试图扑灭“五卅运动”的狂潮。但中国工人坚持罢工三个多月，终于迫使列强做出让步。这是一次伟大的群众性爱国运动，它提高了全国人民的觉悟和组织力量，为北伐战争打好了群众基础，并将国民革命推向高潮，从而揭开了1925—1927年中国大革命的序幕。

延伸阅读：波澜壮阔的上海1927

北伐战争期间，上海工人阶级为配合北伐进军，推翻北洋军阀的反动统治，在中国共产党领导下举行了三次武装起义。第一次起义发动于1926年10月23日。但起义准备不足，工人队伍力量薄弱，起义失败。第二次起义发动于1927年2月22日。由于起义计划泄露，各区工人纠察队失去统一指挥，加上北伐军在上海郊区停止前进，时任北伐军总参议、国民政府中央驻沪特派员钮永建的便衣队按兵不动，致使工人陷于孤立，起义再次失败。

1927年3月21日，上海工人发动第三次武装起义。武装起义由中共中央军委书记兼江浙区军委书记周恩来任总指挥，同中共江浙区委负责人罗亦农、赵世炎一起负责领导工作。为确保武装起义胜利，上海区委组织5000人的纠察队，秘密进行政治、军事训练。派部分工人打入敌人的“保卫团”，掌握武器，借助敌人训练和装备，扩大工人纠察队的武装力量，提高工人纠察队的军事素质。又在市民特别是贫苦市民中进行广泛细致的政治工作。并根据敌人所在地区力量的强弱，划分了七个作战区域，规定了各区工人纠察队的任务，将敌人兵力较强的闸北区作为进攻的重点区。起义前十天，铁路工人中断了铁路运输，使北洋军阀在上海的警备司令毕庶澄部3000人和当地警察2000人处于孤立无援的境地。

3月21日上午9时，中共上海区委决定发动第三次武装起义。武装起义以工人纠察队为先锋，按照预定计划攻打各警署和兵营。起义工人攻下市电话局、电报局，占领警察局和兵营。法商电车公司500多人的工人纠察队只有5支手枪和40把斧头，他们攻下南市第二警察署并打开南市衙门，释放了被关押的政治犯。许多政治犯来不及砸断脚镣和手铐，即带领工人纠察队去武器库取出枪支弹药。得到武器的起义工人冲向敌人的堡垒。在战斗中，市民奋勇助战，为起义工人修筑工事；大小饭店的店员赶制食品，供应前线；佩戴红十字臂章的男女济难会会员来往于前线和后方，救护起义的伤员。在工人武装的强大攻势下，敌人挂起白旗缴械投降。

经过30个小时的浴血奋战，22日6时许攻克了敌人的全部据点，占领了上海，取得第三次工人武装起义的胜利。这次起义共消灭3000多名北洋军和2000多名武装警察，收缴枪支5000多支。起义胜利后，上海各界代表举行市民代表会议，成立“上海市民政府”。在19名委员中有共产党员汪寿华、罗亦农等9人。

▲ 1927年4月12日，上海各界群众50万人集会抗议蒋介石的暴行，会后举行了声势浩大的游行示威

上海工人武装起义的胜利，打击了帝国主义和军阀的反动统治，显示了中国工人阶级顽强战斗精神和强大的组织力量。3月26日蒋介石到达上海，4月12日发动反革命政变，上海又处于帝国主义和国民党的反动统治之下。

4. 人民领袖毛泽东

毛泽东（1893—1976），湖南湘潭人，1893年12月26日生于一个农民家庭。1914—1918年，在湖南第一师范学校求学。毛泽东早期即开始革命活动，接受并传播马克思列宁主义。1918年4月与蔡和森等组织革命团体“新民学会”。1920年11月，在湖南创建共产主义组织。1921年7月，出席中国共产党第一次全国代表大会，是中国共产党的缔造者之一。

中共一大之后，毛泽东先后领导工人运动和农民运动，参与中共中央的领导工作。1927年蒋介石发动“四一二”反革命政变以后，毛泽东主张武装反蒋。同年8月7日，出席在汉口召开的中共中央政治局扩大会议，提出了“枪杆子里面出政权”的著名论断，作为中央特派员，会后即到湘赣边界领导了秋收起义，创建了工农革命军第一师。接着率领部队进入井冈山地区，创建了第一个农村革命根据地。后与朱德、陈毅率领的一部分部队会师，组成中国工农革命军（不久改称红军）第四军，毛泽东任党代表，朱德任军长。该军后来发展成为中国工农红军的主要力量，是中国人民解放军的先驱。毛泽东是中国人民解放军的主要缔造者。

1935年1月，中共中央于长征途中在贵州遵义召开政治局扩大会议，确立了毛泽东在全党全军的领导地位。在毛泽东的正确领导下，党和红军战胜了国民党军队的围追堵截，于1935年10月胜利到达陕北。1936年12月，毛泽东被选为中共中央军事委员会主席。1943年3月，中国共产党中央委员会选举毛泽东为政治局主席和中央书记处主席，在以后历届中央委员会上，他都当选为中央委员会主席、中央政治局主席，直至逝世。在毛泽东和中国共产党的正确领导下，中国人民经过长期的革命斗争，取得了新民主主义革命的胜利，创建了中华人民共和国。1949年9月30日，毛泽东在中国人民政治协商会议第一届全体会议上当选为中华人民共和国中央人民政府主席；在1954年9月召开的第一届全国人民代表大会上当选为中华人民共和国主席。

中华人民共和国成立以后，毛泽东领导全党和全国各族人民取得了社会主义革命和社会主义建设的伟大胜利。在中国革命的每一个重要阶段，毛泽东都写下了带有指导意义的重要文献，形成了完整的马克思列宁主义同中国实际相结合的思想体系——毛泽东思想。

1976年9月9日，毛泽东因病在北京逝世，享年83岁。中共中央在悼词中称誉他为伟大的马克思主义者、伟大的无产阶级革命家、战略家和理论家，中国共产党和中国各族人民的领袖和导师。

毛泽东一家为革命牺牲了6位亲人，包括妻子杨开慧、长子毛岸英、大弟毛泽民、二弟毛泽覃、堂妹毛泽建、侄子毛楚雄等。当毛岸英在朝鲜战场牺牲的消息传来，毛泽东在痛惜之余，说的第一句话是："谁叫他是毛泽东的儿子呢？"一句话，既表达了一位父亲对儿子的深深眷恋，更彰显着共产党人的坚定信念和无私精神。我们的革命事业，正是因为有一批像毛泽东这样舍小家为大家、舍个人为大众的共产党人，才取得了一个又一个的胜利，创建了新中国。

延伸阅读：信仰的力量

革命战争年代，革命先烈在生死考验面前所以能够赴汤蹈火、视死如归，就是因为他们对崇高的理想坚贞不渝、矢志不移。毛泽东主席一家为革命牺牲了 6 位亲人，徐海东大将家族牺牲了 70 多人，贺龙元帅的宗亲中有名有姓的烈士就有 2050 人。

这些沉重的数字，诠释着什么是崇高，什么是信仰，诉说着什么才是共产党人的本色。

革命前辈们为什么能够无私无畏地英勇献身？就是为了实现崇高的革命理想，为了坚守崇高的政治信仰，为了在中国彻底推翻黑暗的旧制度，为了实现民族独立和人民解放。方志敏烈士在狱中写的《清贫》一文，表达了老一辈共产党人的爱和憎，回答了什么是真正的穷和富，什么是人生最大的快乐，什么是革命者的伟大信仰，人到底怎样活着才有价值，使人每次阅读都受到启示、受到教育、受到鼓舞。

信仰，是人类社会最美好的字眼，是 8900 多万共产党员安身立命的根本。党的十八大以来，习近平同志多次号召全体党员“坚守崇高信仰，练就金刚不坏之身”。

《人民日报》“人民论坛”栏目曾发表文章《信仰的味道》，提到陈望道潜心翻译《共产党宣言》，竟将墨汁当成红糖吃了而浑然不觉。习近平多次讲述党史上的这个感人故事，多次强调“理想信念就是共产党人精神上的‘钙’”，多次警醒人们“理想信念动摇是最危险的动摇，理想信念滑坡是最危险的滑坡”，正是要激励党员干部保持理想、坚守信仰。

5. 人民总理周恩来

周恩来（1898—1976），原籍浙江绍兴，1898 年 3 月 5 日生于江苏淮安。1921 年加入中国共产党，是伟大的马克思主义者，伟大的无产阶级革命家、政治家、军事家、外交家，党和国家主要领导人之一，中国人民解放军主要创建人之一，中华人民共和国的开国元勋，是以毛泽东同志为核心的党的第一代中央领导集体的重要成员。

1976 年 1 月 8 日在北京逝世。他的逝世受到广泛的悼念。由于他一贯勤奋工作，严于律己，关心群众，深受人民群众的爱戴，被人民群众称为“人民的好总理”。他为什么能赢得这样的称赞？这与他对党和人民的忠诚分不开，与他的坚定的革命信仰和坚守全心全意为人民服务的信念分不开。

在中国漫长的封建社会里，官被称为“大人”，如“知县大人”“知府大人”，百姓则被称为“小民”。尽管贤明的思想家和官员深知得民心者得天下的道理，但“小民”从未被放在主人的位置上。中国共产党是依靠人民、为人民谋幸福的党，政府工作人员是人民的公仆，都要为老百姓谋福祉。

周恩来认为，政府总理也就是人民的“总服务员”。他经常说：“我是总服务员。”他要求各级政府管理者，都要当好人民的服务员。他曾经从昆曲《十五贯》的内容联想到政府管理，提出要处理好“官”与民的关系。“我们国务院，人民群众要见我们，有的也难见。”“《十五贯》教育我们做‘官’的人，让我们想一想，是不是真正在为人民服务。”

1946 年 10 月，在纪念鲁迅逝世 10 周年时，周恩来指出：

“对人民，我们要如对孺子一样地为他们做牛的。要诚诚恳恳、老老实实为人民服务。”“人民的世纪到了，所以应该像条牛一样，努力奋斗，团结一致，为人民服务而死。”中华人民共和国成立后，周恩来担任政府总理26年，实践了这一诺言。

“小”是“大”的基础，没有小就没有大。江海之所以能汇聚所有小河流，是因为它善居其下，有容乃大。周恩来的这一思想方法，反映了政府管理者“人民至上”的理念。

延伸阅读：周恩来小时候的故事

周恩来从小爱学习，爱思考。一次，鸡叫三遍过后，周家花园里传出了琅琅的读书声：“锄禾日当午，汗滴禾下土。谁知盘中餐，粒粒皆辛苦。”读着读着，周恩来很快就把这首诗背得滚瓜烂熟了，但他总觉得没有透彻领会诗的深意：每一粒到底有多辛苦呢？

第二天，周恩来到蒋妈妈家玩。吃饭的时候，他望着白花花的大米饭迫不及待地问道：“蒋妈妈，这大米饭是怎么来的呢？”蒋妈妈很喜欢周恩来好学的精神，就笑着告诉他：“大米是稻子舂成的，稻子有一层硬硬的黄壳。它的一生要经过浸种催芽、田间育秧、移栽锄草、施肥管理、除病治虫、收割脱粒，一直到舂成大米。”“啊，吃上这碗大米饭，可真不容易啊！”周恩来惊讶地说。

“是呀，这十多道关，也不知道要累坏多少种田人呢，这香喷喷的大米饭是种田人用血汗浇灌出来的。”蒋妈妈深有感触地说。蒋妈妈一番深刻的讲述，不仅加深了周恩来对诗意的理解，更激励他勤奋学习。

为了过好习字关，他除了认真完成老师布置的作业外，还坚持每天练习写100个大字。有一天，周恩来随陈妈妈到一个路途较远的亲戚家，回来时已是深夜了。一路上风尘仆仆，年幼的恩来已筋疲力尽、呵欠连天，上下眼皮直打架，但他仍要坚持练写完100个大字再休息。

陈妈妈见状劝道："明天再写吧！""不，陈妈妈，当天的事当天完成！"周恩来说服了陈妈妈，把头浸入一盆凉水里，赶跑了瞌睡虫，头脑清醒多了。100个字刚写完，陈妈妈一把夺过恩来的笔说："这下子行了吧？快睡觉！""不！"周恩来仔细看完墨汁未干的100个大字，皱着眉头认真地说："陈妈妈，你看这两个字写歪了。"说着，周恩来把那两个字又写了三遍，直到满意为止。

6. 人民军队总司令朱德

朱德（1886—1976），1886年12月1日生于四川仪陇，1922年加入中国共产党，是伟大的马克思主义者，无产阶级革命家、政治家和军事家，中国共产党、中国人民解放军和中华人民共和国的主要缔造者和领导人之一。中华人民共和国十大元帅之首。

朱德生于贫苦农民家庭，早年加入滇军，参加了蔡锷领导的云南起义，成为滇军名将。后由于滇军内部斗争，朱德赴欧洲留学，结识周恩来并加入中国共产党。回国后，他参加了八一南昌起义。起义部队南下时，朱德任先遣军指挥。在主力攻打潮汕失败后，朱德率领的部队成为保存下来的革命火种。井冈山会师后，朱毛红军名扬天下，并在瑞金建立中央革命根据地，粉碎了国民党军的四次"围剿"。第五次反"围剿"中，由于"左"倾路线的错误，失去中央革命根据地，红军不得不进行长征。长征中，朱德为争取四方面军，三过雪山草地，终于带领二、四方面军到达陕北。抗战爆发后，朱德任八路军总司令，领导了平型关大捷、百团大战等著名战役。解放战争中，他与毛泽东一起指挥三大战役和渡江战役。

中华人民共和国成立后，朱德先后担任中央人民政府副主席、中国人民解放军总司令、中华人民共和国副主席，在第二、三、四届全国人民代表大会上连续当选为全国人大常务委员会委员长。在 1956 年 9 月召开的中共八届一中全会上当选为中央政治局常委，并任中共中央副主席、中央军委副主席。

1976 年 7 月 6 日在北京逝世。他一生勤政为民、克勤克俭、作风民主、实事求是。

延伸阅读：朱德从小爱劳动

1886 年 12 月 1 日，四川省仪陇县李家湾，一个男孩子出生了。他就是后来的中国人民解放军总司令、中华人民共和国的元帅朱德。

朱德从小热爱劳动，4 岁就帮妈妈干活，5 岁时，他就学着割草、拾柴，帮家里干些杂活。朱家附近没有井，要到山坡下去挑水。一天晚上，忙了一天的妈妈再也没有力气去挑水了。

可是到了第二天早上，妈妈却发现缸里的水满满的。妈妈感到很奇怪，于是连着几天都不挑水，可是水缸每天都是满满的。

为了揭开这个秘密，妈妈起了个大早，这才发现是儿子在悄悄地挑水。妈妈又惊又喜，紧紧地把朱德搂在怀里许久说不出一句话。伟大人物爱劳动的美德是从小养成的。

7. 南昌城头的第一枪

1927年8月1日凌晨2时，南昌起义打响第一枪。

▲ 八一南昌起义

这既是中国共产党人武装反抗国民党反动派血腥屠杀的第一枪，也是中国共产党人独立领导革命战争、创建人民军队、武装夺取政权的第一枪。这是中国共产党历史上的一个伟大事件，是中国革命史上的一个伟大事件，也是中华民族发展史上的一个伟大事件。

1927年4月，国民党中央监察委员会在上海召开会议，通过了“清党原则”，成立了“清党委员会”，开始大规模地清除共产党人。12日，杜月笙等人组织流氓袭击工人纠察队，随后蒋介石以“工人内讧”为由，强行收缴工人纠察队的枪支，并打死打伤工人300多人。之后上海市的学生、市民上街游行，工人纷纷响应，举行罢工声讨。游行队伍在半路遭到蒋介石军队的血腥屠杀，无数人受伤流血乃至身亡。随后，蒋介石下令封闭上海总工会和一切革命团体，大肆捕杀共产党员和革命群众，全国陷入一片“白色恐怖”之中。

“四一二”反革命事变发生之后，国共关系愈发紧张。1927年6月，共产国际给中国共产党发来《五月指示》：实行土地革命，发展工农运动，加强国民党中央委员会中左派力量（依靠工农力量革新国民党中央）；组织革命法庭肃清反革命分子，等等。当时共产国际代表罗易出于对汪精卫的信任，将这个指示给他看了。汪精卫认为指示对国民党不利，于是决定在革命党内“分共”，抨击共产党“破坏革命”，免去政府机关内中共党员的职务。国共矛盾逐步激化。

共产党员被罢免职务后，充分吸取经验教训，认识到独立组建武装力量的重要性。当时中国共产党掌握的武装力量主要有三支，分别由贺龙、叶挺、朱德率领。1927 年 7 月 20 日，谭平山、李立三、邓中夏、叶挺、聂荣臻等人开会，决定以这批力量为基础发动南昌起义。

8 月 1 日凌晨 2 时，南昌起义的枪声打响，各路起义军按照预定计划向守敌发起攻击，占领南昌城。起义军首先成立由周恩来、贺龙、叶挺、刘伯承等人组成的参谋团指挥军事行动，周恩来任党的前委书记。起义军宣布建立新的革命根据地，坚持革命的三民主义和联俄、联共、扶助农工的三大政策，扫除蒋介石、冯玉祥、唐生智等新式军阀。之后，起义军相继撤离南昌，“决定挥师南下，夺取广州，再举北伐”。然而在此过程中，起义军遭到敌人围攻，损失惨重。中共中央指示主要起义领导人撤离部队，一部分部队由颜昌颐、董朗率领到海陆丰苏区，另一部分则由朱德、陈毅率领进入湘赣粤边区开展游击战。

南昌起义打响了武装反抗国民党反动派的第一枪，标志着中国共产党独立领导革命战争、创建人民军队的开始，开启了中国革命新纪元。

延伸阅读：人民军队的创建

中国共产党人从中国社会和中国革命的特点出发，把创建新型人民军队作为中国革命的首要问题。

1926年毛泽东在主办广州农民运动讲习所期间，就提出了建立农民自己武装的思想。在1927年8月党的“八七会议”上，他又提出了“枪杆子里面出政权”的论断，强调“全党要非常注意军事”，须知“政权是由枪杆子中取得的”。

大革命失败后，中国共产党在全国各地发动和领导了百余次武装起义。1927年8月1日的南昌起义，标志着中国共产党独立领导武装斗争和创建新型人民军队的开始。毛泽东等领导参加秋收起义的工农革命军，经过“三湾改编”，特别是经过古田会议，为从根本上解决建设新型人民军队的一系列理论、路线和原则问题奠定了基础。中国工农红军、八路军、新四军以及中国人民解放军，就是在这些基本理论和原则的指导下不断发展和壮大起来的。中国人民在中国共产党的领导下，以人民军队为骨干，经过长期的革命战争和艰苦卓绝的斗争，推翻了帝国主义、封建主义和官僚资本主义的统治，取得了新民主主义革命的胜利，建立了中华人民共和国。中华人民共和国成立以后，又是依靠人民军队，战胜了外来势力的侵略、破坏和武装挑衅，维护了国家的独立和安全，保卫了社会主义现代化的建设，巩固了无产阶级专政的国家政权。中国民主革命和中华人民共和国成立以来的历史都证明：没有人民的军队，便没有人民的一切。

1933年7月11日，中华苏维埃共和国临时中央政府根据中央革命军事委员会6月30日的建议，决定8月1日为中国工农红军成立纪念日。1949年6月15日，中国人民革命军事委员会发布命令，以“八一”两字作为中国人民解放军军旗和军徽的主要标志。中华人民共和国成立后，将此纪念日改称为中国人民解放军建军节。

8. 秋收起义

秋收起义是毛泽东在湖南东部和江西西部领导的工农革命军（即红军）举行的一次武装起义。1927年7月15日，汪精卫控制下的武汉国民政府公开宣布“分共”，背叛了革命。中国共产党从此转入地下，轰轰烈烈的大革命失败了。1927年8月7日，中国共产党在汉口召开紧急会议，史称“八七会议”。确定了开展土地革命和武装反抗国民党反动派的总方针，决定在群众基础较好的湘鄂粤赣四省发动农民举行秋收起义。

“八七会议”后，毛泽东受中共中央的委派，以中共中央特派员的身份前往长沙，领导湘赣边界的“秋收起义”。1927年8月18日，改组后的湖南省委在长沙市郊的沈家大屋召开会议，讨论制订“秋收起义”的计划。毛泽东在会上着重阐述了“枪杆子里面出政权”的思想。会议决定要与国民党彻底划清界限，旗帜鲜明地以中国共产党的名义号召群众，并决定集中力量在湘东、赣西发动以长沙为中心的武装起义。

▲ 秋收起义

9月9日，毛泽东在湖南东部和江西西部领导发动了“秋收起义”。这次起义是继南昌起义后，中国共产党领导的又一次著名的武装起义。这次起义不沿用国民革命军的番号，而将起义部队统一编为工农革命军第一军第一师，下辖三个团，参加起义的部队共约5000人。第一团从江西修水出发，向长寿街进攻，9月10日占领了平江县龙门厂。这时混入起义部队的邱国轩部乘机叛变。当第一团路过金坪攻打长寿街时，邱国轩率领部队发动突然袭击，致使该团腹背受敌，牺牲200多人，团长钟文璋失踪，部队被迫向浏阳转移。第三团于9月11日在铜鼓起义，占领了白沙镇，9月12日占领东门市。9月14日敌人兵分两路包围第三团，该团被迫向上坪撤退。第二团在安源起义后，进攻萍乡未克，西进攻占了老关、醴陵，又北进占领浏阳。由于部队麻痹轻敌，9月16日陷入敌人的包围中，部队被打散，部分人突围脱险，不少人牺牲。

鉴于三路起义部队均受挫，毛泽东当机立断改变了攻打长沙的计划，以前委书记的名义通知起义各部队到浏阳县文家市（今浏阳市文家市镇）集结。9月19日，各路起义部队到达集结地。当晚前敌委员会召开会议，根据敌强我弱的形势，改变攻打长沙的计划，决定保存实力，到敌人统治力量薄弱的农村中去坚持武装斗争，发展革命力量。9月20日上午，起义部队1500余人离开文家市向南进发。9月23日，起义部队在芦溪镇遭反动军队伏击，损失数百人，总指挥卢德铭牺牲。9月25日，起义部队冒雨攻克莲花县城。9月29日，起义部队到达永新县三湾村时已不足千人，而且官多兵少，部队思想混乱，组织纪律性差。当天晚上，毛泽东召开了前敌委员会，决定对部队进行整编，这就是著名的“三湾改编”。10月3日，起义部队离开三湾村，开始向井冈山进军。10月27日，起义部队到达罗霄山脉中段井冈山的茨坪，开创了中国共产党领导下的第一个农村革命根据地——井冈山革命根据地。

延伸阅读：黄洋界上炮声隆

黄洋界位于井冈山北面，海拔1300多米，山峰耸立，陡不可攀，是井冈山的险要哨口之一。黄洋界保卫战是第二次国内革命战争时期中国工农红军第四军保卫井冈山革命根据地的一次战斗。

1928年9月，黄洋界保卫战打响，井冈山军民在红军主力在外、敌军大举来犯的不利形势下，以3个营的兵力对抗敌军4个团进攻，不但成功地保卫了革命根据地的安全，还一举击溃了来犯敌军，创下了土地革命战争中以少胜多的经典战例，获得了人民战争的宝贵经验。

▲ 黄洋界保卫战

1928年7月，中国工农红军第四军主力在湘南行动受挫后转移到桂东。红四军前委书记毛泽东率领第三十一团第三营由井冈山赴桂东接应主力，第三十二团和第三十一团第一营留守井冈山。

1928年8月中旬，国民党湘军和赣军共五个团，准备对井冈山革命根据地进行第二次“会剿”。红四军第三十一团团长朱云卿、党代表何挺颖等得悉敌人即将进攻的消息，在赤卫队和人民群众的支援下，组织部队利用山险，设置竹钉，构筑工事，进行作战准备。

1928年8月下旬，国民党军对井冈山根据地发起第二次“会剿”。湘赣敌军以4个团向井冈山进犯，妄图乘虚摧毁井冈山革命根据地。朱云卿和何挺颖在大井召开由地方负责同志和连以上干部参加的紧急会议，说明坚守井冈山的重要意义和战胜敌人的有利条件，提出誓死坚守井冈山，与“大小五井共存亡”的战斗口号。

8月30日凌晨，浓雾封山。8时许，浓雾渐散，敌人开始进攻。因为山路狭窄陡峭，两侧又设置了竹钉，敌人兵力难以展开，只能一个一个往上爬。待他们进入有效射程时，朱云卿一声令下，红军的各种火器一齐开火，礌石滚木像倾泻的山洪，从山顶一直砸到山下。敌人躲闪不及，伤亡惨重，丢下大批死尸退了下去。接着四个团的敌人又组织了两次冲锋，都被红军打得落花流水。下午，敌人孤注一掷，在集中全部火炮向黄洋界轰击的同时，又一次发起冲击。在这关键时刻，朱云卿把放在留守处修理的一门迫击炮调到前沿阵地助战。一颗炮弹正好击中敌军指挥所，当即炸死炸伤十多人，敌军团长陈纪良亦受重伤。这时，红军阵地上吹响了冲锋号，各山头的革命群众一边开动假机关枪（铁桶里放爆竹），一边用礌石滚木向敌群砸去。敌指挥官以为是红军大队回来了，当夜仓皇遁逃。朱云卿率部奋起追击，边界各县地方武装也纷纷出动。待敌军逃回茶陵时，沿途又留下数百尸体和伤员。

为此，毛泽东作诗一首，记叙这次战斗的胜利：

西江月·井冈山

山下旌旗在望，
山头鼓角相闻。
敌军围困万千重，
我自岿然不动。
早已森严壁垒，
更加众志成城。

黄洋界上炮声隆，
报道敌军宵遁。

延伸阅读：井冈山精神

作为我们党在革命斗争的艰苦岁月中形成的伟大精神，井冈山精神集中反映了我们党的优良传统和作风，其中有着极为丰富深邃的内涵。

坚定信念、艰苦奋斗，是井冈山精神的灵魂。大革命失败后，井冈山革命斗争靠什么燃起“工农武装割据”的燎原之火、照亮中国革命前程？靠的就是共产党人对中国革命光明未来的坚定信念和不懈追求。正是因为有了崇高理想信念，才会产生在艰难困苦环境中战胜一切困难的超凡勇气，产生在战场上冲锋陷阵、英勇杀敌的顽强斗志，产生在敌人屠刀下慷慨就义、视死如归的英雄气概，才能经受住血雨腥风的洗礼和考验。

实事求是、敢闯新路，是井冈山精神的核心。井冈山斗争始于革命低潮时期。在这一历史关键时刻，我们党坚持实事求是、调查研究，把马克思主义基本原理同中国革命具体实践相结合，以大无畏的革命胆识，开创了以农村包围城市、武装夺取政权的中国革命独特道路，创造性地制定了党领导军队的一系列组织制度和纪律，引领中国革命不断走向胜利。

依靠群众、勇于胜利，是井冈山精神的基石。在井冈山革命斗争中，毛泽东同志、朱德同志等党和红军领导人身先士卒、以身作则，带领井冈山军民克服种种困难艰险，打破重重包围封锁；我们党始终相信和依靠群众，关心和帮助群众，同广大人民群众结下了鱼水深情。正是因为我们党始终代表最广大人民的根本利益，与广大人民群众保持着血肉联系，才赢得了广大人民群众的拥护和支持，从而使井冈山革命根据地得到巩固和扩大。

9. 九一八事变与歌曲《松花江上》

九一八事变是指1931年9月18日夜日本在中国东北蓄意制造的一次恶性事件，是日本帝国主义侵华的开端。

▲ 勿忘国耻“九一八”

1931年9月18日傍晚，日本关东军虎石台独立守备队第二营第三连离开原驻地虎石台兵营，沿南满铁路向南行进。夜22时20分左右，日本关东军铁路守备队以柳条湖分遣队队长河本末守中尉为首的一个小分队以巡视铁路为名，在奉天（现沈阳）北面约7.5公里处、离东北军驻地北大营800米处的柳条湖南满铁路段上炸毁了小段铁路，并将3具身穿东北军士兵军装的中国人尸体放在现场，作为东北军破坏铁路的证据，诬称中国军队破坏铁路并袭击日守备队。

与此同时，待在铁路爆破点以北约4公里的文官屯的日军由川岛中队长率领南下，袭击北大营；驻扎中方北大营附近和沈阳城的日军兵分南北两路，向中国军队驻地北大营进攻。

次日，日军侵占沈阳，又陆续侵占了东三省。1932年2月，东北全境沦陷。日本在中国东北建立了伪满洲国傀儡政权，开始了对东北人民长达14年之久的奴役和殖民统治。

《松花江上》是1935年由毕业于北平艺专、以教员身份开展抗日宣传工作的中共党员张寒晖在西安目睹东北人民流亡惨状而创作的一首抗日歌曲。歌曲唱出了九一八事变后东北民众乃至中国人民的悲愤情怀，被誉为“流亡三部曲”之一，风靡中华大地。

2015年8月26日，国家新闻出版广电总局发布“我最喜爱的十大抗战歌曲”网络投票结果，《松花江上》是入选的10首歌曲之一。

《松花江上》歌词

作词：张寒晖

我的家在东北松花江上，
那里有森林煤矿，
还有那满山遍野的大豆高粱。
我的家在东北松花江上，
那里有我的同胞，
还有那衰老的爹娘。
九一八，九一八，
从那个悲惨的时候！
九一八，九一八，
从那个悲惨的时候，
脱离了我的家乡，
抛弃那无尽的宝藏，
流浪！流浪！
整日价在关内，流浪！
哪年，哪月，
才能够回到我那可爱的故乡？

哪年，哪月，
才能够收回那无尽的宝藏？！
爹娘啊，爹娘啊，
什么时候，
才能欢聚一堂？！

延伸阅读：亲历者讲述南京大屠杀

抗日战争期间，国民党军队在南京保卫战中失利，南京于1937年12月13日（学术界认为是12月5日）沦陷后，侵华日军在日本华中派遣军司令松井石根和第6师团长谷寿夫的指挥下，在南京及其附近地区进行了长达6周的有组织、有计划的大屠杀和奸淫、放火、抢劫行为，其血腥暴行令人发指。在南京大屠杀中，大量平民及战俘被日军杀害，无数家庭支离破碎，遇难人数超过30万。

▲ 中华人民共和国第十二届全国人大常委会第七次会议全票通过的决定：将12月13日确定为南京大屠杀死难者国家公祭日。图为2016年12月13日南京大屠杀死难者国家公祭仪式现场

侵华日军南京大屠杀过去了80多年，如今登记在册、健在的幸存者已不到百人。他们中的许多人像90岁的幸存者常志强一样，记忆正在变得模糊。

常志强老人在讲述1937年12月的那场灾难时已有些吃力。当年，常志强一家八口在逃往难民区途中遭遇日本兵。子弹呼啸而至，父亲当即中弹身亡，母亲则被一刺刀戳倒……“我母亲跌下来了，夹着我的小弟还没有放松，撑着又站起来，鬼子又戳了两刀。我弟弟就掉在地下哇哇地哭。鬼子就把刺刀照我弟弟屁股上头一挑，摔得老远。另外三个弟弟，分别只有四岁、六岁和八岁，也一个个地被日本兵夺去了生命。”

常志强沦为孤儿，靠邻里的施舍才活下来。他说：“我们家从来就没有清明节，别人家都忙着烧纸祭祖，我们家的孩子就看着很稀奇。”常志强的小女儿常晓梅说，哥哥、姐姐跟她一样，除了知道“被日本鬼子杀了一家七口人”，其他一概不知。

南京大屠杀是侵华日军公然违反国际条约和人类基本道德准则，在侵华战争期间无数暴行中最突出、最有代表性的一例。南京大屠杀期间，《新华日报》及美国《纽约时报》等中外媒体，均对南京大屠杀进行了大量的揭露。

战后，中国国民政府对南京大屠杀暴行进行了广泛调查。南京审判战犯军事法庭经调查判定，日军集体屠杀有28案，屠杀人数19万余人；零散屠杀有858案，死亡人数15万余人。总计死亡人数达30多万，是惨绝人寰的特大惨案。2014年12月13日是国家设立的首个南京大屠杀死难者国家公祭日，中共中央、国务院在南京大屠杀遇难同胞纪念馆举行首次南京大屠杀死难者国家公祭仪式，中共中央总书记、国家主席、中央军委主席习近平出席了仪式。2015年10月9日，《南京大屠杀史档案》正式列入《世界记忆名录》。

10. 中国战争史上的奇迹——二万五千里长征

1934 年 10 月，第五次反“围剿”失败后，中央主力红军为摆脱国民党军队的包围追击，被迫实施战略性转移，退出赣南闽西中央根据地，进行长征。

▲ 二万五千里长征

红军长征创造了人类历史上的伟大奇迹。中央红军共进行了 380 余次战斗，攻占 700 多座县城，营以上干部牺牲达 430 余人，平均年龄不到 30 岁，击溃国民党军数百个团。其间经过 14 个省，翻越 18 座大山，跨过 24 条大河，走过荒草地，翻过雪山，行程约二万五千里。红一方面军于 1935 年 10 月到达陕北，与陕北红军胜利会师。1936 年 10 月 9 日，红四方面军在甘肃会宁与红一方面军会合。22 日，红二方面军在将台堡与红一方面军会合。红军三大主力会师，标志着红军二万五千里长征的胜利结束。

延伸阅读： 长征精神

1934—1936 年中国工农红军经历的二万五千里长征是人类战争史上的奇迹。红军指战员在长征途中表现出对革命理想和事业无比忠诚、坚定的信念，表现出不怕牺牲、敢于胜利的无产阶级革命乐观主义精神，表现出顾全大局、严守纪律、亲密团结的高尚品德，创造了伟大的长征精神。长征精神是中华民族百折不挠、自强不息的民族精神的最高表现，是保证我们革命和建设事业走向胜利的强大精神力量。

长征是中华民族不屈不挠精神的典范。纵观整个长征的过程——四渡赤水河，巧渡金沙江，飞夺泸定桥，强渡大渡河，爬雪山，过草地……每一个战略方向的改变，每一项战略任务的确定，每一次战斗胜利的取得，无不体现出中国红军将士不怕艰难困苦、不怕牺牲的精神。

长征是人类历史上艰苦奋斗精神的榜样。长征途中，红军将士面对的是一条条波涛汹涌的大河、一座座巍然耸立的雪山、一片片茫无际涯的草地，前有敌军，后有追兵——就是在这“敌军围困万千重”的逆境中，红军转战二万五千里，终于从百万重围的敌人中杀出一条生路，谱写出一曲曲动人的革命乐章。

长征是充满无私奉献精神的史诗。无论是难以立足的沼泽，还是茫茫无际的草地；无论是皑皑白雪，还是崇山峻岭；无论是酷暑严寒，还是饥饿干渴……红军将士都抱定革命必胜的信念，以坚忍不拔的毅力，与穷凶极恶的敌人展开殊死搏斗，为夺取胜利，甘洒热血，献出一切。

一个国家、一个民族，只要有不屈不挠、艰苦奋斗、无私奉献的精神，就能够成就事业，创造辉煌。80 多年前的长征是这样，80 多年后的今天也是这样。

1935 年 10 月，毛泽东率领中央红军越过岷山，长征即将结束。回顾长征一年来所战胜的无数艰难险阻，他满怀喜悦的战斗豪情，写下《七律 · 长征》这一不朽诗篇：

七律·长征

红军不怕远征难，万水千山只等闲。
五岭逶迤腾细浪，乌蒙磅礴走泥丸。
金沙水拍云崖暖，大渡桥横铁索寒。
更喜岷山千里雪，三军过后尽开颜。

11. 实现伟大转折的遵义会议

1935 年 1 月 15—17 日，中共中央在遵义召开了政治局扩大会议。会议的主要议题是总结第五次反“围剿”的经验教训。首先，由博古做关于第五次反“围剿”的总结报告。他在报告中极力为“左”倾冒险主义错误辩护。接着，周恩来做了副报告，主要分析了第五次反“围剿”和长征中战略战术及军事指挥上的错误，并做了自我批评，主动承担了责任。毛泽东同志在会上做了重要发言，着重批判了第五次反“围剿”和长征以来博古、李德等人的政治路线和军事路线，以及博古在总结报告中为第五次反“围剿”失败辩护的错误观点。张闻天、王稼祥、朱德、刘少奇等多数同志在会上发言，支持毛泽东同志的正确意见。

▲ 遵义会议会址

会议经过激烈的争论，在统一思想的基础上，委托张闻天起草了《中共中央关于反对敌人五次“围剿”的总结决议》，并经常委审查通过。决议肯定了毛泽东关于红军作战的基本原则，否定了博古关于第五次反“围剿”的总结报告，提出中国共产党的中心任务是战胜川、滇、黔的敌军，在那里建立新的革命根据地。会议决定改组中央领导机构，增选毛泽东为政治局常委，取消博古、李德的最高军事指挥权，仍由中央军委主要负责人周恩来、朱德指挥军事。会后，常委进行分工：由张闻天代替博古负总责，毛泽东、周恩来负责军事。在行军途中，又成立了由毛泽东、周恩来、王稼祥组成的三人军事指挥小组，负责长征中的军事指挥工作。至此，遵义会议以后的中央组织整顿工作大体完成。

遵义会议结束了王明的“左”倾教条主义路线，肯定了毛泽东的军事作战基本原则，改组了党和红军的领导机构，实际上确立了毛泽东在党和红军中的领导地位。遵义会议在中国革命的危急关头，挽救了党，挽救了红军，挽救了中国革命，是我党历史上一个生死攸关的转折点。遵义会议是中国共产党第一次独立自主地运用马列主义基本原理解决自己的路线、方针和政策的会议，它是中国共产党从幼年走向成熟的标志。从此，中国革命就在以毛泽东为代表的正确路线指引下走上胜利发展的道路。

延伸阅读：四渡赤水、强渡大渡河、飞夺泸定桥

遵义会议确立了毛泽东在党和红军中的领导地位。从此，中央红军一改长征初期被动挨打的局面，面对占绝对优势的敌军，或避其锋芒，或主动出击，四渡赤水、巧夺金沙江、强渡大渡河、飞夺泸定桥……一幕幕精彩绝伦的活剧体现了毛泽东高超的指挥艺术和广大红军将士大无畏的英雄气概。红军最终摆脱了几十万国民党军的围追堵截，为与红四方面军胜利会师

奠定了坚实基础。

四渡赤水：四渡赤水战役是遵义会议之后，中央红军在长征途中，在国民党几十万重兵围追堵截的凶险处境中，进行的一次决定性运动战。1935 年 1 月 19 日至 1935 年 3 月 22 日，在毛泽东、周恩来、朱德等指挥下，中央红军采取高度机动的运动战方针，三个月的时间六次穿越三条河流，四渡赤水，转战川贵滇三省，积极寻找战机歼灭敌人，彻底粉碎了蒋介石企图围歼红军于川黔滇边境的狂妄计划，取得了战略转移中具有决定性意义的胜利。

▲ 四渡赤水

强渡大渡河：1935 年 5 月中国工农红军在四川省越西县（今属四川省石棉县）安顺场渡过大渡河的战斗，这次战役在中国革命战争史上写下了光辉的一页。中国酒泉卫星发射中心首任司令员孙继先中将在长征中曾是红一军团红一师红一团一营营长。他亲自挑选并带领 17 名勇士强渡大渡河，在被敌人视为插翅难飞的天险防线上，打开一个缺口，为中央红军北上

▲ 强渡大渡河

开辟了一条通道。

飞夺泸定桥：这是中国工农红军长征中的一场战役，发生于1935年5月29日。中央红军部队在四川省中西部强渡大渡河成功后，沿大渡河东岸北上，主力由安顺场沿大渡河右岸北上。红四团官兵冒着大雨在崎岖陡峭的山路上跑步前进，一昼夜奔袭120公里，于5月29日凌晨6时按时到达泸定桥西岸。第二连连长和22名突击队员迎着枪林弹雨攀着铁索夺下桥头，与东岸部队合力抢占了泸定桥。

▲ 飞夺泸定桥

12. 方志敏与《可爱的中国》

方志敏（1899—1935），江西弋阳县人，1899年8月21日生于一个农民家庭。伟大的无产阶级革命家、军事家，杰出的农民运动领袖，中国共产党早期领导人之一，土地革命战争时期赣东北和闽浙赣革命根据地的创建人。1928年1月，参与领导弋横暴动，创建赣东北苏区。

▲ 方志敏烈士（中）

先后任赣东北省、闽浙赣省苏维埃政府主席，红 10 军、红 11 军政治委员，中共闽浙赣省委书记等职。1934 年率部北上抗日，被国民党军逮捕入狱。被捕那天，两个国民党士兵搜遍方志敏全身，除了一块手表和一支钢笔，只有两个铜板。敌兵不相信，堂堂共产党领导，竟如此穷酸。正如方志敏所说：“清贫，洁白朴素的生活，正是我们革命者能够战胜许多困难的地方。”

1935 年 8 月 6 日，方志敏在江西南昌下沙窝英勇就义，年仅 36 岁。遗骨现安葬于南昌市郊梅岭。在狱中，他受尽酷刑，写下了《可爱的中国》《清贫》等文章。《可爱的中国》曾由鲁迅先生代为保存，中华人民共和国成立后得以公开发表。

《可爱的中国》是方志敏的著名散文，1935 年写于狱中。作者以亲身经历概括了中国从五四运动到第二次国内革命战争时期的悲惨历史，愤怒地控诉了帝国主义肆意欺侮中国人民的罪行。他满怀爱国主义激情，把祖国比喻为“生育我们的母亲”，而汉奸军阀则帮助恶魔杀害自己的母亲。作者高声疾呼：“母亲快要死去了”“救救母亲呀”！他指出挽救祖国的“唯一出路”就是进行武装斗争，“中国是有自救的力量的”，坚信中华民族必能从战斗中获救。篇末展示中国革命的光明前景，描绘祖国未来的美好景象，表现了强烈的民族自信心。

延伸阅读：100 位为中华人民共和国的建立作出突出贡献的英雄模范人物

为推动群众性爱国主义教育活动的深入开展，经党中央批准，中央宣传部、中央组织部、中央统战部、全国总工会、共青团中央、全国妇联等 11 个部门于 2012 年 8 月 10 日联合组织评选“100 位为新中国成立作出突出贡献的英雄模范人物”，时间限定在从中国共产党诞生到中华人民共和国成立，即1921—1949年。

按首字笔画排序：

（1） 八女投江——同侵略者血战到底
（2） 于化虎——胶东民兵英雄
（3） 小叶丹——与红军彝海结盟
（4） 马本斋——英雄的回民支队司令员
（5） 马立训——威震敌胆的“爆破大王”
（6） 方志敏——爱国主义的楷模
（7） 毛泽民——发展苏区经济事业的卓越领导人
（8） 毛泽覃——英勇善战的红军指挥员
（9） 王尔琢——井冈骁将
（10）王尽美——齐鲁英杰
（11）王克勤——爱兵模范　杀敌英雄
（12）王若飞——一切要为人民打算
（13）邓萍——遵义城下洒热血
（14）邓中夏——中国工人运动的杰出领袖
（15）邓恩铭——齐鲁大地的先锋战士
（16）韦拔群——广西农民运动的先驱
（17）冯平——琼崖革命的先驱
（18）卢德铭——秋收起义年轻的总指挥
（19）叶挺——人民解放军的创建者、杰出的军事家
（20）叶成焕——血染抗日战场的虎将
（21）左权——杰出的军事家
（22）白求恩——伟大的国际主义战士
（23）任常伦——胶东抗日英雄
（24）关向应——忠心耿耿为党为国的红二方面军政委
（25）刘老庄连——82名勇士用生命铸就丰碑
（26）刘伯坚——生是为中国　死是为中国

（27）刘志丹——群众领袖、民族英雄
（28）刘胡兰——生的伟大　死的光荣
（29）吉鸿昌——丹心碧血沃中华
（30）向警予——中国妇女运动的先驱
（31）寻淮洲——红军最年轻的将领
（32）戎冠秀——抗日烽火中的伟大母亲
（33）朱瑞——人民炮兵的奠基者
（34）江上青——救亡图存　团结抗战
（35）江竹筠——化作红梅映山红
（36）许继慎——英勇善战的红军将领
（37）阮啸仙——中国审计事业的奠基者
（38）何叔衡——可当大局的秀才
（39）佟麟阁——血染卢沟写忠烈
（40）吴运铎——把一切献给党
（41）吴焕先——骁将英名留陕甘
（42）张太雷——击碎旧世界的惊雷
（43）张自忠——以身殉国的抗战名将
（44）张学良——中华民族千古功臣
（45）张思德——为人民服务的楷模
（46）旷继勋——壮志不渝励后人
（47）李白——让红色电波永不消逝的人
（48）李林——华侨抗日女英雄
（49）李大钊——中国共产主义运动的先驱
（50）李公朴——伟大的民主战士
（51）李兆麟——创建东北抗日联军的英豪
（52）李硕勋——忠贞不渝的共产主义战士
（53）杨殷——从盐务师爷到革命先驱
（54）杨子荣——特级侦察英雄
（55）杨开慧——温婉骄杨　英雄女杰

（56）杨虎城——著名抗日爱国将领
（57）杨靖宇——抗日名将
（58）杨闇公——巴山蜀水闹革命
（59）萧楚女——“蜡烛精神”写人生
（60）苏兆征——工人运动的领袖
（61）邹韬奋——以犀利之笔为人民大众服务
（62）陈延年——忠诚的马克思主义者
（63）陈树湘——血染湘江的红军将领
（64）陈嘉庚——爱国华侨领袖
（65）陈潭秋——楚山英雄天山魂
（66）冼星海——人民音乐家
（67）周文雍、陈铁军夫妇——刑场上的婚礼
（68）周逸群——湘鄂西苏区的创建人之一
（69）明德英——沂蒙红嫂
（70）林祥谦——二七大罢工的领袖
（71）罗亦农——中国共产党早期的重要领导人
（72）罗忠毅——苏南抗日名将
（73）罗炳辉——从奴隶到将军
（74）郑律成——军歌永远嘹亮
（75）恽代英——中国青年的楷模
（76）段德昌——洪湖革命根据地的常胜将军
（77）贺英——有勇有谋的巾帼英雄
（78）赵一曼——甘将热血沃中华
（79）赵世炎——中国共产党早期杰出的革命家
（80）赵尚志——白山黑水驱倭寇
（81）赵博生——宁都起义的领导者
（82）赵登禹——第一位抗日战死的师长
（83）闻一多——正气长存的民主斗士

（84）埃德加·斯诺——中国人民的美国朋友
（85）夏明翰——为真理而凛然献身
（86）格里戈里·库里申科——为中国抗战而牺牲的苏联勇士
（87）狼牙山五壮士——浩气长存
（88）聂耳——人民音乐家
（89）郭俊卿——现代花木兰
（90）钱壮飞——隐蔽战线的无名英雄
（91）黄公略——中国工农红军的杰出将领
（92）彭湃——中国农民运动的领袖
（93）彭雪枫——文武兼备　一代英才
（94）董存瑞——舍身炸碉堡的英雄
（95）董振堂——高台战役中壮烈献身
（96）谢子长——陕北红军和革命根据地的创建者
（97）鲁迅——左翼文化运动的旗手
（98）蔡和森——中国共产党早期的卓越领导人
（99）戴安澜——以死报国的抗日名将
（100）瞿秋白——伟大的马克思主义者

13. 延安岁月

延安位于陕西省北部，地处黄河中游黄土高原的中南地区，是中国革命的落脚点和出发点。1935 年 10 月，中共中央率领中央红军经过艰苦卓绝的二万五千里长征，胜利到达吴起镇。之后，延安成为中国革命的中心。党中央和毛泽东主席等领导人在这里生活和战斗了 13 年之久，领导中国革命力量逐渐由弱变强，取得了新民主主义革命的胜利。

1935年12月17日，刚到陕北不久，中共中央就在延安子长县的瓦窑堡召开了一次重要的政治局扩大会议，这就是著名的瓦窑堡会议。日本帝国主义侵略者发动“九一八事变”后，加紧了对中国华北的侵略。中华民族面临空前的民族危机，民族矛盾已经上升为主要矛盾，中国人民掀起了抗日救亡运动的高潮。为了适应新的革命形势，中国共产党决定将革命任务从土地革命战争转到为争取民族独立的民族革命战争上来。12月25日，会议通过了《中共中央关于目前政治形势与党的任务的决议》，正确分析了“华北事变”后国内阶级关系的新变化，指出日本帝国主义是中国目前最大的敌人，党要纠正“左”倾关门主义，要发动、团结和组织全中国和全民族一切革命力量反对日本帝国主义。

1936年5月，为了应对即将到来的抗日战争，中共中央在延安的保安县创办了西北抗日红军大学（后改名为中国人民抗日军事政治大学），培养了大批工农红军的高级干部和军事人才，也吸引了从全国各地投奔延安的爱国青年，为中国革命储备、输送了很多军政人才。

▲ 延安宝塔

抗日战争期间，中共中央在延安指挥人民军队深入敌后，放手发动群众，开展了形式多样的抗日游击。同时组织军民开展大生产运动，发展经济，为抗日前线服务。三五九旅在南泥湾的垦荒活动就是延安大生产运动中的典型。

1945年4月23日至6月11日，中国共产党第七次全国代表大会在延安杨家岭召开。在此次会议上，毛泽东做了《论联合政府》的政治报告，提出要在党的领导下彻底打败日本侵略者，解放全国人民，建立一个新民主主义的中国，为中国革命指明了方向。

1948年，是国共战场形势大转折的一年。随着我军频频取得胜利，尽快打败国民党集团已是定局。为了适应新的形势，1948年5月，毛泽东等中央领导人将党中央机关从延安转移到河北西柏坡，告别了生活战斗13个春秋的陕北根据地。虽然延安作为中国革命指挥总部的历史结束了，但“巍巍宝塔山，滚滚延河水”永远是后人怀念和歌颂的革命圣地。

延伸阅读：“延安精神”世代相传

革命圣地延安，既是红军长征胜利后的落脚点，也是建立抗日民族统一战线、赢得抗日战争胜利，进而夺取全国胜利的解放战争的出发地。从1935到1948年，毛泽东等老一辈无产阶级革命家在这里生活和战斗了13个春秋。他们运筹帷幄，决胜千里，领导和指挥了决定中国命运的抗日战争和解放战争，奠定了中华人民共和国的基石，培育了永放光芒的“延安精神”，谱写了可歌可泣的伟大历史篇章。“延安精神”是以毛泽东同志为首的中国共产党人把马克思列宁主义的科学思想体系与中国革命的具体实践相结合的产物，是中国共产党在长期革命斗争中所形成的优良传统和作风的结晶，是“井冈山精神”“长征精神”的继承和发扬，是一种具有中国特色的无产阶级革命精神。它的内容丰富，源远流长。

“延安精神”是实事求是、民主团结、全心全意为人民服务的精神。中国共产党历来把为中国广大人民谋利益作为自己的根本宗旨，在延安时期就响亮地提出了“为人民服务”的口号，并在全党认真实践。那时的陕甘宁边区政府被誉为“民主的政府，廉洁的政府”。当年驻延安的美军观察组成员说：“这里不存在铺张粉饰和礼节俗套，没有乞丐，也没有令人绝望的贫困现象，人们的衣着和生活都很俭朴，人民之间的关系是坦诚、直率和友好的。这里也没有贴身保镖、宪兵和重庆官僚阶层哗众取宠的夸夸其谈。”

“延安精神”是自力更生、艰苦奋斗的精神。当时的延安交通闭塞，经济落后。面对国民党的封锁，毛泽东同志号召根据地军民自己动手，丰衣足食，开展了大生产运动。部队战时作战，闲时种地，吃小米饭，喝南瓜汤。经过多年磨砺，铸就了延安军民的铮铮铁骨和艰苦奋斗的精神。

“延安精神”是勤俭节约、艰苦朴素的精神。毛泽东、周恩来、朱德等老一辈无产阶级革命家是当时的最高领导人，住的是普通的窑洞，用的是部队配发的木椅、木床。正是在那张粗陋的木桌上，毛泽东写出了《论持久战》等大量有远见卓识的政论著作，给中国革命指明了正确的道路。也是在延安窑洞里，诞生了中国共产党集体智慧的结晶——伟大的毛泽东思想。

延安是历史的教科书，有关中国革命运动的问题，在这里都有它的章节，有着详尽的阐释和说明。革命选择了延安，延安孕育了革命，哺育了伟大的“延安精神”。

14. 震惊中外的“西安事变”

1936年12月12日，张学良、杨虎城为了迫使蒋介石停止内战、联共抗日而发动“兵谏”，扣留蒋介石，并通电全中国，这就是震惊中外的“西安事变”。中共中央确定了和平解决“西安事变”的方针。蒋介石被迫表示停止“剿共”，联合红军抗日。“西安事变”的和平解决，使十年内战得以结束，创造了第二次国共合作的条件，也准备了全民族抗战的前提。事实上，“西安事变”也是之前中共提出的“逼蒋抗日”方针的一次成功实践。

“华北事变”发生后，日本步步紧逼，民族矛盾进一步上升为中华民族的主要矛盾。中共中央审时度势，认为不应继续讨蒋，应该在停止内战的旗帜下一致抗日。1936年5月5日，中共中央发表《停战议和一致抗日通电》，不再称蒋介石为卖国贼，而称之为“蒋介石氏”。9月1日，中共中央又向党内发出《关于逼蒋抗日问题的指示》，明确提出“我们的总方针应是逼蒋抗日”。

蒋介石坚持“攘外必先安内”，先剿灭共产党，然后再抗日。1936年10月，蒋介石亲赴西安，逼迫张学良、杨虎城率部“剿共”。12月4日，蒋介石再次来到西安，对张、杨下达最后通牒：要么剿共，要么调离。张学良、杨虎城出于民族大义，不愿与红军开战，连续几天，反复劝说蒋介石接受抗日主张，但遭到蒋介石的拒绝。张、杨二人感到除发动“兵谏”以外别无他法。

12月12日凌晨，东北军一部包围华清池扣留了蒋介石，第十七路军同时控制西安全城，囚禁了从南京来的几十名国民党军政要员。凌晨寅时，张学良电告中共中央：“蒋之反革命面目已毕现。吾等为中华民族及抗日前途利益计，不顾一切，今已将蒋及其重要将领陈诚、朱绍良、蒋鼎文、卫立煌等扣留，迫其释放爱国分子，改组联合政府。兄等有何高见，速复。”

接到张学良的电报后，毛泽东和周恩来立即复电，表示拟派周恩来前往西安商量大计。12月17日，周恩来飞抵西安，与张学良商谈解决方案，商定了与南京谈判的五项条件。12月19日，中共中央确定了和平解决“西安事变”的基本方针。12月23日，张学良、杨虎城同南京方面代表宋美龄、宋子文进行谈判，周恩来也参加了谈判。两天后，双方达成放蒋的六项条件，其中包括：改组政府，容纳抗日分子；停止“剿共”政策，联合红军抗日等。24日，周恩来会见蒋介石，蒋介石表示同意谈判议定的六项条件。次日，张学良陪同蒋介石离开西安。

“西安事变”的和平解决，迫使国民党放弃了“攘外必先安内”的错误方针，结束了长达十年的国共内战，为几个月后国共第二次合作、携手进行全国抗战创造了条件，成为中国由国内战争走向全国抗日战争的转折点，也成为中华民族命运的转折点。

延伸阅读：爱国将领张学良与杨虎城

张学良（1901—2001），辽宁省盘锦市大洼县（今大洼区）人，1901年4月出生于辽宁省鞍山市台安县，奉系军阀首领张作霖的长子，国民党陆军一级上将。“西安事变”的策划者之一，中国近代著名爱国将领。

1919年3月，张学良入东三省陆军讲武堂第一期炮科学习，毕业后历任奉军营、团、旅、师、军、军团长、空军司令等职。1928年6月，其父被日本关东军炸死后，由奉系元老推为首领，出任东三省保安总司令。12月，不顾日本和亲日派的阻挠，宣布东北“易帜”，服从南京国民政府，任东北边防军司令长官等职。1930年10月任“中华民国”陆海空军副司令。

1931年“九一八事变”，张学良执行蒋介石的不抵抗命令，使日军很快侵占东三省。1933年3月，热河省（今并入辽宁、河北、内蒙古)沦陷后，蒋介石、张学良受到全国舆论谴责，张学良代蒋介石受过辞职。

1934年2月，张学良任豫鄂皖三省“剿总”副司令。1935年3月任武昌行营主任，10月，兼任西北“剿总”副总司令。此时，日本侵华日蹙，南京国民党政府一再妥协，中共中央发表《为抗日救国告全体同胞书》(简称“八一宣言”)，全国人民要求停止内战一致抗日的呼声日益高涨。张学良面对既不能抗日复土，“围剿”红军又屡遭失败的严峻现实，逐渐对蒋“攘外必先安内”的反动政策有所觉悟，经中国共产党人和进步人士的帮助，他坚信联共抗日是唯一出路。

1936年4月，张学良与周恩来在陕西延安会谈，提出联蒋抗日，达成与红军停止内战、共同抗日的协议。10月，毛泽东、周恩来致书张学良，请其向蒋介石转达互派代表谈判停止内战、共同抗日的信息。张学良多次劝蒋介石联共抗日，并请缨抗战，均遭拒绝。12月4日，蒋介石到西安督战，张学良与西安绥靖主任、第十七路军总指挥杨虎城共同面谏，遭到训斥。蒋介石令张学良、杨虎城进攻陕北红军，否则将其所部分别调往福建、安徽。张学良、杨虎城为逼蒋介石抗日，于12日晨发动“西安事变”，扣留了蒋介石，通电全国，提出抗日八项主张，同时致电中共中央。17日，以周恩来为首的中共代表团到西安。周恩来、张学良、杨虎城协商和平解决“西安事变”，并同蒋介石的代表宋美龄、宋子文谈判达成停止“剿共”政策等六项协议，为实现第二次国共合作，走向全国抗战奠定了基础。25日，张学良没有通知周恩来就陪同蒋介石回了南京。蒋介石一到南京便立刻扣押了张学良，长期软禁，先后囚于浙、赣、湘、黔等地。

1988年蒋经国去世后，张学良逐渐获得人身自由。1993年4月受聘为东北大学名誉校长，5月受聘为哈尔滨工业大学名誉理事长。1995年离台，侨居美国夏威夷。2001年10月15日下午2时50分，在美国夏威夷首府檀香山史特劳比医院病逝，享年101岁。

杨虎城（1893—1949），1893年11月生于陕西省蒲城县甘北村一个贫苦农民家庭。1909年，他成立以劫富济贫为宗旨的中秋会。1911年武昌起义爆发后，参加陕西民军，投身辛亥革命。1915年参加讨袁战争。1917年任陕西靖国军第三路军第一支队司令。1921年任靖国军第三路军司令。

1924年，杨虎城加入国民党。1925年任国民军第三军第三师师长。他拥护孙中山的“三大政策”，积极主张联共，聘请共产党员魏野畴担任他创办的三民军官学校政治部主任，并一直和共产党人保持着良好的关系。在此期间，杨虎城目睹反动军阀的黑暗统治，又受轰轰烈烈的革命浪潮鼓舞，挥毫写道：“大陆沉沉睡已久，群兽无忌环球走。骨骸垒垒高太华，红潮澎湃掩斗牛。”

1927年，杨虎城任国民革命军联军第十路军总司令，参加北伐战争。1929年任国民革命军新编第十四师师长，后任第十七师师长、陆军第七军军长。1930年任第十七路军总指挥、陕西省政府主席、西安绥靖公署主任。杨虎城秘密支持中共西北特别支部的工作，主张联共抗日。1933年，与进入川、陕的红四方面军订立互不侵犯的协议。中共中央进入陕、甘后，他秘密接见中共代表汪锋，表示完全赞同中共中央的抗日民族统一战线政策，并达成与中共联合抗日的协议。中共中央于1936年秋派张文彬为驻十七路军的代表。

1936年12月12日，杨虎城同张学良顺应全国人民团结抗日的要求，响应中国共产党抗日民族统一战线的号召，发动了“西安事变”。

“西安事变”后，杨虎城被蒋介石迫令辞职“出洋考察”。全国抗战爆发回国，随即被国民党囚禁，长达12年之久。在狱中，他大义凛然，坚贞不屈，始终坚持爱国主义立场。1949年9月6日，杨虎城被秘密杀害，时年56岁。

1950年2月7日，陕西省人民政府公葬杨虎城于西安南郊少陵原畔，并建立杨虎城将军陵园，迎面斜坡上镶嵌着“千古功臣”“民族英雄”八个大字。这里已成为全国重点烈士纪念建筑物保护单位。

为了缅怀先烈，激励后人，弘扬爱国主义精神，2011年当地政府新建了杨虎城将军纪念馆，通过图片、文字、影像、实景还原等方式，将历史背景与杨虎城将军悲壮感人的一生结合起来，让人民群众进一步了解他在中国革命中的轨迹。

15. 卢沟桥“七七事变”

1937年7月7日下午，日本华北驻屯军第1联队第3大队第8中队在大队长清水节郎率领下，荷枪实弹开往紧靠卢沟桥中国守军驻地的回龙庙与大瓦窑之间的地区。晚7时30分，日军开始演习。

22时40分，日军声称演习地带传来枪声，并有一名士兵（志村菊次郎）“失踪”，强行要求进入中国守军驻地宛平城搜查，被中国第二十九军第三十七师第一一〇旅第二一九团严词拒绝。日军一面部署战斗，一面借口“枪声”和士兵“失踪”，假意与中国方面交涉。

24时左右，冀察当局接到日本驻北平特务机关长松井太久郎的电话。松井称：日军昨在卢沟桥郊外演习，突闻枪声，当即收队点名，发现缺少一兵，疑放枪者系中国驻卢沟桥的军队，并认为该放枪之兵已经入城，要求立即入城搜查。中方认为时值深夜日兵入城恐引起地方不安，且中方官兵正在睡觉，枪声非中方所发，予以拒绝。不久，松井又打电话给冀察当局称，若中方不允许，日军将以武力强行进城搜查。同时，冀察当局接到卢沟桥中国守军的报告，说日军已对宛平城形成了包围进攻态势。冀察当局为了防止事态扩大，经与日方商议，同意协同派员前往卢沟桥调查。此时，日方声称的“失踪”士兵已归队，但隐而不报。

7月8日晨5时左右，日军突然进行炮击，中国第二十九军司令部立即命令前线官兵：“确保卢沟桥和宛平城”“卢沟桥即尔等之坟墓，应与桥共存亡，不得后退”。守卫卢沟桥和宛平城的第二一九团第三营在团长吉星文和营长金振中的指挥下奋起抗战。

日军挑起“七七事变”后，在全国引起强烈反响。“七七事变”的第二天，中国共产党中央委员会就通电全国，呼吁：“全中国的同胞们，平津危急！华北危急！中华民族危急！只有全民族实行抗战，才是我们的出路！”并且提出了“不让日本帝国主义占领中国寸土”“为保卫国土流最后一滴血”的响亮口号。

延伸阅读：平型关大捷

平型关大捷是八路军出师华北抗日战场后的首战，同时也是全国抗战爆发以来中国军队取得的第一个大胜利。

八路军出师华北挺进山西之际，日军第5师团在察哈尔派遣军的配合下，沿平绥路进攻长城沿线，企图南下进攻太原，夺取山西腹地，并从右翼配合华北方面军在平汉路作战。中国第二战区制定了沿长城各隘阻击日军的作战计划；决心在平型关集合重兵歼灭来犯之敌，并请求八路军配合侧击日军。

1937年9月上旬，根据作战计划，八路军一一五师开赴平型关附近。平型关位于山西省东北部，是晋东北的一个咽喉要道，两侧峰峦叠起，陡峭险峻，左侧有东泡池、老爷庙等制高点，右侧是白崖台等山岭。在关前，是一条由西南向东北延伸的狭窄沟道，是伏击歼敌的理想战场。22日，日军第5师团第21旅团一部，由灵丘向平型关进犯，并占领东泡池地区。23日，一一五师决定抓住日军骄横疏于戒备的弱点，利用平型关东北的有利地形，以伏击战术歼敌，并召开连以上干部会议，进行深入的战斗动员。24日深夜，一一五师利用暗夜和暴雨的掩护，秘密进入白崖台等预设阵地。25日拂晓，日军第5师团第21旅后续部队乘汽车100余辆及辎重大车200余辆，沿灵丘——平型关公路由东向西开进。7时许，该部全部进入埋伏阵地。第一一五师抓住战机立即全线开火，并乘敌方陷于混乱之际发起冲击。一一五师一部歼敌先头部队，阻其沿公路南窜之路；一部分割包围日军后尾部队，断其退路；一部分冲过公路迅速抢占老爷庙及其以北高地；一部分阻断先期占领东泡池的日军回援；一部分阻断日军第5师团派出的增援部队。经过激烈战斗，全歼被围日军，大获全胜。

▲ 平型关大捷

此战取得重大战果。八路军一一五师共击毙日军1000余人，击毁汽车100余辆、马车200余辆，缴获步枪1000余支、机枪20余挺、火炮1门，以及大批军用物资。

平型关大捷在日军长驱直入、国民党军队节节后退的形势下，有力地打击了日军的嚣张气焰，打破了日军不可战胜的神话，使全国人民看到了中华民族的希望所在，从而极大地振奋了全国的民心、士气。消息传开，全国各界莫不欢欣鼓舞，纷纷发来贺信贺电，大大提高了共产党和八路军的威望。同时在整个战略上，为忻口作战赢得了准备时间，有效地钳制了日军第5师团的行动，并且从侧翼支援了平汉路的作战。

16. 人民解放战争三大战役

三大战役是指1948年9月至1949年1月中国人民解放军与国民党军队进行的三次战略决战，包括辽沈战役、淮海战役、平津战役。

1948年，解放军攻克拥有10万重兵、工事坚固的山东省会城市济南，毙伤国民党军22423人，俘敌61873人。济南战役是人民解放军攻克敌人重点设防的大城市的开始，这一战役揭开了战略决战的序幕。辽沈、淮海、平津三大战役历时142天，共争取起义、投诚、接受和平改编与歼灭国民党正规军144个师、非正规军29个师，合计154万余人。国民党赖以维持其反动统治的主要军事力量基本上被消灭。三大战役的胜利，奠定了人民解放战争在全国胜利的基础。

辽沈战役是三大战役的第一个战役，也是三大战役中最为关键的战役。辽沈战役在1948年9月12日发起，东北野战军先后分路奔袭北宁路，10月1日切断了北宁路，一部分主力进抵锦州城下。10月10日，由华北国民党军组成的“东进兵团”自锦西向通往锦州的要隘塔山发起猛攻。东北野战军预先设置在塔山的两个纵队顽强阻击，鏖战6个昼夜，打垮国民党军的数十次攻击，成功地阻止了东进。“西进兵团”出动后，也遭到解放军3个纵队的阻击，进至彰武、新立屯一带后，未敢继续南进。10月9日起，东北野战军发起对锦州的进攻。经过激战，于15日攻克该城，全歼守敌10万余人。随后，长期被围困在长春的国民党第六十军于10月17日起义，新编第七军也放下武器投诚。21日，长春宣告和平解放。10月26—28日，东北野战军主力在新立屯、黑山地区全歼廖耀湘兵团10万人。11月2日，直下沈阳、营口。辽沈战役至此胜利结束，东北全境宣告解放。辽沈战役在历时52天的激战中，人民解放军以伤亡6.9万人的代价歼灭国民党精锐部队47.1万余人。

▲ 辽沈战役

淮海战役是三大战役的第二个战役，在以徐州为中心、东起海州、西至商丘、北起临城（今薛城）、南达淮河的广大地区进行。解放军投入官兵66万人，加上地方武装40万人；国民党军兵力理论满编80万人，据《国民党视角下的大决战》披露，实际上是50多万人。淮海战役于11月6日发起，到22日为战役第一阶段。在这个阶段中，华东野战军在碾庄地区歼灭黄百韬兵团10万人，中原野战军也完成对徐州的战略包围。1948年11月23日到12月15日，为淮海战役第二阶段。在这个阶段中，中原野战军及华东野战军一部，在宿县西南的双堆集地区包围并歼灭黄维兵团11万人。华东野战军主力在杜聿明指挥的徐州国民党军3个兵团25万人向西突围时，将这股敌人合围于永城东北的陈官庄地区，并歼灭其中的孙元良兵团约4万人。1948年12月15日到1949年1月10日，为淮海战役第三阶段。1949年1月，华东野战军发起对杜聿明部的总攻，全歼邱清泉、李弥两个兵团10个军约20万人。淮海战役中，人民解放军经过66天紧张艰苦的战斗，以伤亡11万余人的代价，歼灭国民党军55.5万人，使长江以北的华东、中原地区基本上获得解放。

▲ 淮海战役

平津战役是三大战役的最后一个战役，于1948年11月29日发起。从1948年12月22日起，人民解放军按照中共中央军委“先打两头、后取中间”的原则，首先攻克西线的新保安、张家口。在东线，1949年1月15日，全歼天津国民党守军13万余人，解放天津。经过解放军和中共北平地下党的耐心工作，1月31日，傅作义率部接受改编，北平和平解放，平津战役胜利结束。平津战役历时64天，人民解放军伤亡3.9万人，国民党军队52万余人被歼灭或改编，使华北地区除太原、大同、新乡等少数据点及绥远西部一隅之地外，全部获得解放。

▲ 平津战役

延伸阅读：人间正道是沧桑——解放军解放南京

1949 年 4 月 23 日，人民解放军解放南京。4 月 21 日，毛泽东、朱德发布向全国进军的命令，号令全军坚决、彻底、干净、全部地歼灭中国境内一切敢于抵抗的国民党反动派，解放全中国。当夜，中国人民解放军百万雄师在东起江苏江阴、西至江西湖口的一千余里的战线上，分三路强渡长江，彻底摧毁了国民党苦心经营的长江防线。4 月 23 日，南京解放，宣告延续 22 年的国民党反动统治的灭亡，预示着人民当家作主的新国家——中华人民共和国即将诞生。捷报传到北平，毛泽东写下了《七律·人民解放军占领南京》的不朽诗篇：

▲ 1949 年 4 月 23 日，中国人民解放军占领南京

七律·人民解放军占领南京

钟山风雨起苍黄，百万雄师过大江。
虎踞龙盘今胜昔，天翻地覆慨而慷。
宜将剩勇追穷寇，不可沽名学霸王。
天若有情天亦老，人间正道是沧桑。

17. 党中央从西柏坡进京“赶考”

1948年，解放战争进入第三个年头，国民党军队在战场上渐显颓势。为了挽回局面，国民党集中重兵向革命中心延安大举进攻。由于在西北战场上敌我兵力悬殊，中共中央、中央军委和中国人民解放军总部于1948年5月中旬从延安移驻位于河北省西部的西柏坡。

▲ 西柏坡

党中央、毛泽东主席在西柏坡指挥了震惊中外的三大战役，国民党军队主力基本被歼灭，全国解放已成定局。在中国人民解放战争即将取得全国胜利的前夕，中国共产党于1949年3月5—13日在西柏坡召开了第七届中央委员会第二次全体会议，讨论了党在全国胜利后的一系列基本政策，为中华人民共和国的奠基做好了政治、思想和理论上的准备工作。

党中央移驻西柏坡仅仅10个月，却在中国革命史上留下了浓墨重彩的一笔。作为创建中华人民共和国的指挥中心，西柏坡自此彪炳于中国革命史册。正是从这里出发，中国人民迎来了如旭日东升的中华人民共和国。作家阎涛在《东行漫记》中写道：“新中国从这里走来。”西柏坡也因此像井冈山、瑞金、延安一样，成为中国革命的圣地。

西柏坡精神是以毛泽东为首的党中央在驻西柏坡期间所体现的一系列革命精神。它的主要内容包括：永不停步，将革命进行到底；执政党要坚持以经济建设为中心；坚持两个“务必”，保持党的优良传统和作风；团结高效，加强党的集中统一。它的核心是教育全党要经得起新的历史阶段的考验。它的实质是巩固和加强共产党的执政地位，不断地把社会主义事业推向前进。西柏坡精神同井冈山精神、延安精神一样，是我们党的宝贵精神财富。

1949年3月23日，中共中央、中央军委和中国人民解放军总部由西柏坡出发，前往刚刚解放的北平。临行前，毛泽东形象地将进驻北平称为“进京赶考”。他把工作人员召集起来，语重心长地告诫大家：“我们就要进北平了。我们进北平，可不是李自成进北平。他们进北平腐化了，我们共产党人进北平是继续干革命，建设社会主义，直到共产主义。”

中共中央迁入北平后，揭开了中华人民共和国的序幕，向历史、向全国人民交了一份满意的答卷。70年后的今天，中国共产党仍然牢记当年毛泽东主席关于“进京赶考”的谆谆教诲，决心走好新时代“赶考”征程，迎接更大的胜利。

延伸阅读：双清别墅的故事

双清别墅是乾隆御题的香山二十八景之一。位于北京海淀区香山公园南麓的半山腰，原是清代皇家园林香山静宜园“松坞山庄”旧址，环境幽雅，以其苍翠的竹林、遮天蔽日的银杏、挺拔的松柏、古朴的建筑令人神往。

真正使这个地方闻名天下的并不只是秀丽风光，而是因为这里是毛主席住过的地方，是中共中央的指挥中心，这里发生过扭转中国命运、决定中国前途的大事。1949 年 3 月 25 日，毛主席率领中共中央、中国人民解放军总部从河北省平山县西柏坡村迁至北平，进驻香山。而香山双清别墅正是毛主席在这里指挥渡江战役、筹备召开新政协、建立中华人民共和国的历史见证地。

▲ 双清别墅

1994 年，双清别墅被命名为“北京市青少年教育基地”。这里有毛泽东当年生活工作过的原状陈列，有毛泽东与爱子毛岸英亲切交谈的地方——六角红亭，有记录一代伟人的《毛泽东在双清活动展览》。这里已成为广大青少年进行爱国主义和革命传统教育的校外课堂，是机关单位、学校组织过主题党日、团日、队日活动的好场所。

2019 年 9 月 12 日，中共中央总书记、国家主席、中央军委主席习近平专程前往香山，瞻仰双清别墅、来青轩等革命旧址。

江山如此多娇

“江山如此多娇”是对中华大地秀美河山的描述，同时也是对我们守土有责、寸土不让决心的激励。

1. 长江是我国第一大河

长江发源于青藏高原的唐古拉山山脉各拉丹冬雪山的西南侧，曲折东流，干流流经青海、四川、西藏、云南、重庆、湖北、湖南、江西、安徽、江苏、上海11个省、自治区和直辖市，最后注入东海。全长6300公里，是中国第一大河、世界第三大河，也是世界上最长的完全在一国境内的河流。流域面积180多万平方公里，约占全国总面积的1/5，年入海水量约1万亿立方米，占全国河流总入海水量的1/3以上。它流经青藏高原、横断山区、云贵高原、四川盆地、长江中下游平原，流域绝大部分处于湿润地区。

▲ 长江

长江三峡景色被喻为大自然造就的“天然画廊”“人间仙境”。其中，瞿塘峡雄伟险峻；巫峡秀丽深幽；西陵峡滩多水急、礁石林立，更有小三峡葱郁苍翠、水清见底。两岸众多的名胜古迹和优美动人的传说，令人神往。闻名中外的三峡水电站位于重庆市到湖北省宜昌市之间的长江干流上，大坝位于宜昌市三斗坪，并和下游的葛洲坝水电站构成梯级电站，有航运、发电、灌溉等十多种功能。大坝高185米，蓄水高175米，水库长600余公里，安装32台单机容量为70万千瓦的水电机组，是全世界装机容量最大的水力发电站，占全国年发电总量的3%，占全国水力发电的20%。如今，三峡大坝全线建成，展示出“高峡出平湖”的美景。

延伸阅读：纪录片《话说长江》

长江是我国第一大河，与黄河一起成为中华民族的摇篮，哺育了一代又一代中华儿女。

1983年8月7日，讲述长江沿岸地理及人文文化的25集纪录片《话说长江》在中央电视台首播。播出后反响空前热烈，它被赋予的意义，已经远远超过了纪录片本身传达的信息，中国观众第一次全面直观地了解了国家的人文地理概况。

这部很受欢迎的电视纪录片，也达到了中国纪录片的高峰。虹云和陈铎两位老艺术家的解说绘声绘色，生动形象的解说词、长江两岸的旖旎风光以及长江从古到今的传奇故事……还有那首脍炙人口的《长江之歌》，都令人荡气回肠。

《话说长江》采用挑、等、抢的拍摄方法，记录真实环境、真实时间里发生的人和事；在结构上采取分章回连续播出方式；在演播形式上，主持人与电视画面相互配合直接讲解，对节目起到了很好的贯穿作用。这一系列的创新使《话说长江》在中国电视史上成为一部里程碑式的作品。

“你从雪山走来，春潮是你的丰采；你向东海奔去，惊涛是你的气概……”《长江之歌》就是当时风靡全国的这部电视纪录片的主题歌（王世光作曲，胡宏伟作词，首唱者季小琴）。这首歌旋律激昂，歌词气势磅礴，通过对中国第一大河——长江的描写与赞美，表达了中国人民热爱祖国的深厚情感。

2. 黄河与《黄河大合唱》

▲ 黄河大合唱

黄河是孕育中华民族的母亲之河，也是中国第二大河，发源于青藏高原，呈“几”字形，流经山东、河南、山西、陕西、内蒙古、宁夏、甘肃、四川、青海等 9 个省、自治区，最后流入渤海。全长约 5464 公里，流域面积约 75.24 万平方公里。黄河中段流经黄土高原，许多支流夹带大量泥沙汇入，使黄河成为世界上含沙量最大的河流，河水呈黄色，因而得名。黄河源头的清澈、上游峡谷的婉转、黄土高原的苍茫、中下游的雄浑以及黄河入海口的浩瀚，使得流经之地有许多值得观览的自然和人文景观。三江源自然保护区位于青藏高原腹地、青海省南部，西南与西藏自治区接壤，东部与四川省毗邻，北部与青海省蒙古族藏族自治州都兰县相接。三江源自然保护区是中国面积最大的自然保护区，也是世界高海拔地区，生物多样性最集中、生态最敏感的地区。黄河流经玛曲大草原时，有一个回弯，形成秀美绝伦的“天下黄河九曲十八弯”之“首曲景观”。壶口瀑布是中国第二大瀑布、世界上最大的黄色瀑布。在水量大的夏季，壶口瀑布气势恢宏；而到了冬季，整个水面全部冰冻，形成罕见的巨大冰瀑。黄河小浪底水利枢纽的建成，在这里形成了湖光山色、千岛星布的自然景观，分为西霞湖、大坝湿地公园、张岭半岛度假区、黄河三峡四大景区。

《黄河大合唱》创作于1939年3月，是冼星海最重要也是影响力最大的一部大型合唱声乐套曲。这部作品由诗人光未然作词、冼星海作曲，以黄河为背景，热情歌颂中华民族源远流长的光荣历史和中国人民坚强不屈的斗争精神，痛斥侵略者的残暴和人民遭受的深重灾难，广阔地展现了抗日战争的壮丽图景，并向全中国、全世界发出了民族解放的战斗号角，塑造了中华民族巨人般的英雄形象。1939年，《黄河大合唱》首演，歌曲慷慨激昂，对在抗日战争中的军民起到了巨大鼓舞作用。2015年8月26日，国家新闻出版广电总局发布“我最喜爱的十大抗战歌曲”评选活动，经过网络投票，《黄河大合唱》是入选的10首歌曲之一。

延伸阅读：中国南方最大河系——珠江

珠江，又名粤江，原指广州到入海口96公里长的一段水道，因流经著名的海珠岛（石）而得名，后来逐渐成为西江、东江、北江以及珠江三角洲上各条河流的总称。珠江发源于云贵高原乌蒙山系马雄山，流经云南、贵州、广西、广东、湖南、江西6个省、自治区及越南北部，在下游从八个入海口注入南海。

珠江年径流量3300多亿立方米，全长2320公里，流域面积45.37万平方公里（其中44.21万平方公里在中国境内，1.16万平方公里在越南境内），是中国南方最大的河系、中国境内第三长河。

珠江水系共有大小河流774条，总长3.6万多公里。丰沛的河水与众多的支流，给珠江的航运事业创造了优越条件，航运价值仅次于长江，居全国第二位。珠江水系水能资源丰富，著名的天生桥、大藤峡、鲁布革、新丰江等水电水利枢纽都属于珠江水系。珠江流域面积广阔，多为山地和丘陵，占总面积的 94.5%，平原面积小而分散，仅占 5.5%，比较大的是珠江三角洲平原。珠江流域旅游资源丰富，著名的黄果树瀑布、桂林山水都在珠江流域。

3.“三山五岳”的魅力

中国是一个多山国家。雄伟的山脉宛如一条条巨龙，护卫在中华大地上。

中国人自古以来就有山岳崇拜的习俗。一座座峻峭的山岭，都被古老的神话传说赋予丰富的文化内涵。在万千山岳中，以“三山五岳”最为尊崇，其在中华文化中居于独特地位。

“三山”，指的是黄山、庐山、雁荡山。

黄山位于安徽省南部的黄山市，有“天下第一奇山”之美称。为道教圣地，遗迹众多，传轩辕黄帝曾在此炼丹。徐霞客曾两次游览黄山，留下“五岳归来不看山，黄山归来不看岳”的感叹。李白等大诗人在此留下了许多壮美诗篇。“奇松”“怪石”“云海”“温泉”被称为黄山四奇。黄山堪称中国最美的、令人震撼的十大名山之一，是著名的避暑胜

▲ 黄山

地，也是国家级风景名胜区和疗养避暑胜地。1985 年入选全国十大风景名胜，1990 年 12 月被联合国教科文组织列入《世界文化与自然遗产名录》，生态保护完好，动植物众多。

庐山地处江西省北部的鄱阳湖盆地，九江市庐山区境内，濒临鄱阳湖，雄峙长江南岸。山体呈椭圆形，是典型的地垒式断块山，长约 25 公里，宽约 10 公里。绵延的 90 余座山峰，犹如九叠屏风，守护着江西的北大门。以雄、奇、险、秀闻名于世，素有“匡庐奇秀甲天下”之美誉。巍峨挺拔的青峰秀峦、喷雪鸣雷的银泉飞瀑、瞬息万变的云海奇观、俊奇巧秀的园林建筑，都展示了庐山的无穷魅力。庐山尤以盛夏如春的凉爽气候为中外游客所向往，是久负盛名的风景名胜区和避暑游览胜地。历代题诗极多，李白的《望庐山瀑布》尤为著名。

雁荡山主体位于浙江省温州市东北部海滨，部分在台州市温岭南境。《载敬堂集》中记载：“雁荡山以瓯江自然断裂，分北雁荡山和南雁荡山。近人以景观区位，有北雁荡山、南雁荡山、西雁荡山、东雁荡山、中雁荡山之称。”雁荡山，形成于 1.2 亿年以前，是环太平洋大陆边缘火山带中一座白垩纪流纹质破火山。其开山始于南北朝，兴于唐，素有“寰中绝胜”“海上名山”之誉，史称“东南第一山”。总面积 450 平方公里，500 多个景点分布于 8 个景区，以奇峰怪石、古洞石室、飞瀑流泉称胜。其中，灵峰、灵岩、大龙湫三个景区被称为“雁荡三绝”。特别是灵峰夜景、灵岩飞渡堪称中国一绝（因山顶有湖，芦苇茂密，结草为荡，南归秋雁多宿于此，故名雁荡）。

历代文人墨客纷至沓来，谢灵运、贯休、沈括、徐霞客、康有为、张大千、沙孟海、潘天寿、郁达夫、郭沫若、邓拓、舒婷等都在此留下了诗篇和墨迹。

五岳指泰山、华山、衡山、恒山、嵩山。

泰山为东岳，位于山东省中部泰安境内，为五岳之首。孔子曾说“登泰山而小天下”，足见泰山在古人心目中地位之高。中国古代帝王在太平盛世或天降祥瑞之时往往会来此祭祀天地，称为“封禅”。在传统观念里，只有再造盛世的伟大帝王，才有资格在泰山“封禅”。因此，中国历史上500多位帝王中，“封禅”泰山的只有秦始皇、唐高宗、武则天、唐玄宗、宋真宗等为数不多的几位。他们想通过此举，为自己树碑立传，名扬千古。

▲ 泰山

华山为西岳，位于陕西省华阴市境内，以险峻著称，有“奇险天下第一山”“自古华山一条道”的说法。华山还是我国道教全真派圣地，陈抟、郝大通、贺元希等著名的道教名士，都曾在此山修炼学道。

衡山为南岳，是我国古代道教、佛教圣地。位于湖南省衡阳市南岳区，山中处处茂林修竹，终年翠绿，奇花异草四时飘香，自然景色十分秀丽，因而又有“南岳独秀”的美称。清朝的魏源在《衡岳吟》中写道：“恒山如行，泰山如坐，华山如立，嵩山如卧，惟有南岳独如飞。”

北岳为恒山，位于山西大同市浑源县城南10公里处。恒山山势陡峭，沟谷深邃。相传四千年前舜帝巡狩至此，因见山势雄伟，遂封之为北岳。秦时有“奉天下名山十二”之称，深山藏宝，如著名的悬空寺便隐匿其中。1982年，山西恒山风景名胜区被国务院批准列入第一批国家级风景名胜区名单。其中倒马关、紫荆关、平型关、雁门关、宁武关虎踞龙盘，是塞外通向冀中平原之咽喉要冲，自古是兵家必争之地。主峰天峰岭海拔 2016.8 米，被称为“人天北柱”“绝塞名山”“天下第二山”。

中岳为嵩山，全长 60 多公里，主体部分在河南省登封市境内，分东西两部分：东为太室山；西为少室山。太室山主峰为峻极峰，海拔 1494 米；少室山最高峰为连天峰，海拔 1512 米。两山各有 36 峰，合称嵩山 72 峰。

我国有众多的名山大川。除了“三山五岳”之外，还有很多名山与宗教结缘，成为享誉海内外的宗教圣地。

中国众多佛教名山中，以山西五台山、浙江普陀山、四川峨眉山、安徽九华山最为著名，其被统称为“中国佛教四大名山”。

中国道教名山也有许多，其中以湖北武当山、安徽齐云山、四川青城山、江西龙虎山为尊，其被称为“中国道教四大名山”。

延伸阅读：世界第一高峰——珠穆朗玛峰

珠穆朗玛峰海拔 8844.43 米，是世界第一高峰。山体呈巨型金字塔状，威武雄壮，昂首天外，地势极为险峻，环境非常复杂。东北山脊、东南山脊和西山山脊中间夹着三大陡壁，在这些山脊和峭壁之间又分布着 548 条大陆型冰川，总面积达 1457.07 平方公里，平均厚度达 7260 米。冰川上有千姿百态、瑰

▲ 珠穆朗玛峰

丽罕见的冰塔林，有高达数十米的冰陡崖和步步陷阱的明暗冰裂隙，还有险象环生的冰崩雪崩区。珠峰不仅巍峨宏大，而且气势磅礴。在它周围20公里的范围内，群峰林立，重峦叠嶂。仅海拔7000米以上的高峰就有40多座，较著名的有南面3公里处的"洛子峰"（海拔8516米，世界第四高峰）和卓穷峰（海拔7589米）；东南面是马卡鲁峰（海拔8463米，世界第五高峰）；北面3公里是章子峰（海拔7543米）；西面是努子峰（海拔7855米）和普莫里峰（海拔7145米）。

4. 历史悠久的四大高原

1994年，中央电视台播出电视剧《天路》，讲述的是有关青藏公路的故事。主人公骆黑子在为青藏公路探路的过程中，任劳任怨、吃苦耐劳，将自己的一生奉献给了高原。同时，女主人公茹静在丧子之痛和政治问题的双重压力下，不屈不挠，毅然决然地投入修路中。

著名音乐家张千一为《天路》写了一首片头曲，名字就叫《青藏高原》，由著名歌手李娜首唱。从此，《青藏高原》就成了家喻户晓的金曲。"是谁带来远古的呼唤，是谁留下千年的祈盼……我看见一座座山一座座山川……"这

▲ 青藏高原

是对青藏公路的讴歌，也是对青藏高原壮丽风景的赞美。

青藏高原是我国最大，也是全球海拔最高的高原。它是继南极和北极之后地球的“第三极”。在这里，诞生了厚重而神秘的藏传佛教。

青藏高原是神秘的，那里有数不尽的高山大川。最著名的就是喜马拉雅山山脉，它就像一条玉带，横亘在青藏高原南段，景色十分壮丽。它的主峰珠穆朗玛峰是世界最高峰，每年都吸引着无数的登山客，前来探险和朝拜。此外，青藏高原中部，还分布着唐古拉山山脉。这里是长江、澜沧江以及怒江的源头。正是从这里开始，浩荡的长河得以永流，得以生生不息。

青藏高原是中国四大高原之一，另外三大高原分别是内蒙古高原、黄土高原和云贵高原。

内蒙古高原是一个有着悠久历史和故事传说的地方。那里曾诞生过众多能征善战的民族：匈奴、鲜卑、柔然、突厥、契丹、蒙古等，他们为中华民族这个大家庭注入了新鲜的血液。在内蒙古高原上，最有名的就是阴山，“天苍苍、野茫茫，风吹草低见牛羊”说的就是这里景观。

黄土高原是中华民族的起源地。到了近现代，这里又成为革命的摇篮，所以，它在中国历史上的地位十分重要。黄土高原上同样分布着险峻的高山，比如六盘山，毛泽东曾写过一首词《清平乐·六盘山》，其中有“不到长城非好汉”的名句。

云贵高原是我国第四大高原。这里同样历史悠久，我们所熟知的传说中的夜郎国就在这里。云贵高原上最有名的山是乌蒙山。毛泽东在《七律·长征》中写下“乌蒙磅礴走泥丸”的名句。

延伸阅读：人文底蕴深厚的三大平原

人类文明最早诞生于平原，尤其是城市文明。中国有三大平原，即东北平原、华北平原及长江中下游平原。

第一大平原就是东北平原，地跨黑龙江、吉林、辽宁、内蒙古4个省、自治区，面积达35万平方公里。东北平原以黑土为主，土壤肥沃，林业和矿产资源十分丰富。因为远离中原地区，所以，这里也往往成为古代人们躲避战祸的首选地。

中华人民共和国成立后，东北地区的资源优势得以发挥，农业、重工业齐头并进，蔚为大观。进入21世纪以来，东北地区和南方发达地区相比略显落后，但只要适时调整好产业结构，用好政策，发愤图强，东北地区同样会很快繁荣起来。

▲ 东北平原

华北平原是第二大平原，地跨北京、天津、河北、山东、河南、安徽、江苏7个省、直辖市，面积25万平方公里。在中国几千年的文明史中，华北平原一直扮演着十分重要的角色。这里曾诞生过闻名天下的“北京人”，这是一群已会使用火的人类。历史上许多王朝就是从这里诞生，并一步步统一全国的。近现代以来，这里成为中国革命的主战场，上演了一幕幕动天地、泣鬼神的革命壮剧。

中华人民共和国成立后，这里更是成为综合实力增长最快的地区。如今，国家在这里大力推行绿色发展、低碳发展的社会改革试验，雄安新区的出现，就是最好的例子。相信，这里的腾飞指日可待。

长江中下游平原，地跨湖南、湖北、江西、安徽、江苏、浙江、上海7个省、直辖市，总面积20万平方公里。南宋以前，这里非常滞后。明清时期，这里已经是中国最富庶的地区。当时，有一句话叫“苏湖熟，天下足”。鸦片战争以后，因为通商口岸的陆续开放，这里的发展再次轰动世界。改革开放以后，借助天时地利，这里的人们埋头苦干、兢兢业业，再次领跑全国。如今，这里仍然是中国最具活力的地区之一。

5. 中国著名的四大盆地

中国有四大盆地：塔里木盆地、准噶尔盆地、柴达木盆地、四川盆地。

塔里木盆地是中国最大的内陆盆地，位于天山山脉和昆仑山山脉之间。南北最宽处520公里，东西最长处1400公里，面积40多万平方公里。

▲ 塔里木盆地

塔里木盆地是大型封闭性山间盆地，地势西高东低，微向北倾。旧罗布泊湖湖面高程780米，是盆地最低点。塔里木河位置偏于盆地北缘，水向东流。盆地地貌呈环状分布，边缘是与山地连接的砾石戈壁，中心是辽阔的沙漠。塔里木河以南是塔克拉玛干沙漠，面积33.7万平方公里，占新疆总面积的20%，占中国沙漠和戈壁总面积的26%，是中国最大的沙漠区，也是位居世界第二位的流动沙漠区。塔里木盆地中石油、天然气资源蕴藏量十分丰富，分别约占全国油气资源蕴藏量的1/6和1/4。

准噶尔盆地位于阿尔泰山与天山之间，西侧为准噶尔西部山地，东至北塔山麓。南北宽450公里，东西长700公里，面积达30多万平方公里，沙漠占30%。地势向西倾斜，北部略高于南部。盆地西侧有几处缺口，如额尔齐斯河谷、额敏河谷及阿拉山口。西风气流由缺口进入，为盆地及周围山地带来降水。经勘探证明，盆地已显示出可喜的石油开发前景。盆地东部海拔540米的风蚀洼地内，发现有世界罕见的千余株硅化木。

柴达木盆地是中国三大内陆盆地之一，属封闭性巨大山间断陷盆地，位于青海省西北部。四周被昆仑山脉、祁连山脉与阿尔金山脉环抱，面积约25万平方公里。“柴达木”为蒙古语，意为“盐泽”。柴达木盆地素有“聚宝盆”之称，已探明矿点200余处，计50余种，其中盐、石油、铅锌和硼砂储量尤为丰富，食盐总储量达600亿吨左右。芒硝、钾盐、硼酸盐具有工业开采价值，如察尔汗钾盐厂已成为中国重要化工原料基地。盆地内储油分布较广，西部有重要油气聚集带。锡铁山铅锌矿是中国目前已知最大铅锌矿之一。盆地现有耕地集中于东部和

▲ 柴达木盆地

东南部绿洲地带，以产粮食、油料为主，产量较高。

四川盆地是中国著名的红层盆地，在中国各大盆地中形态最典型、纬度最南、海拔最低。该盆地位于四川省东部、长江上游，面积26万平方公里，占四川省总面积的46%。四川盆地西依青藏高原和横断山地，北靠秦岭山地，与黄土高原相望，东接湘鄂西山地，南连云贵高原。

延伸阅读：世界上最美的草原

呼伦贝尔草原位于内蒙古自治区东北部、大兴安岭以西，是新巴尔虎右旗、新巴尔虎左旗、陈巴尔虎旗、鄂温克旗和海拉尔区、满洲里市及额尔古纳市南部、牙克石市西部草原的总称，是世界著名的天然牧场、世界三大草原之一，被称为世界上最好的草原，是全国旅游二十胜景之一。草原总面积约为9.3万平方公里，域内3000多条河流纵横交错，500多个湖泊星罗棋布。地势东高西低，海拔650～700米，由东向西呈规律性分布，地跨森林草原、草甸草原和干旱草原三个地带。除东部地区约占本区面积的10.5%为森林草原过渡地带外，其余多为天然草场。多年生草本植物是组成呼伦贝尔草原植物群落的基本生态性特征，草原植物资源约1000余种。

▲ 呼伦贝尔草原

6. 中国的“五湖”“四海”

关于“五湖”，历史上有过不同的说法，在《地理通释十道山川考》中，“五湖”是指彭蠡、洞庭湖、巢湖、太湖、鉴湖。彭蠡即鄱阳湖，鉴湖到了清代则被洪泽湖代替。据《史记·河渠书集解》中记载：“饶州鄱湖，岳州青草，润州丹阳，鄂州洞庭，苏州太湖，此为天下‘五湖’。”青草湖现已和洞庭湖连成一体，润州丹阳湖已经逐渐淤塞。如今说法比较统一、按湖区面积和历史影响而论，“五湖”指洞庭湖、鄱阳湖、巢湖、太湖和洪泽湖。

“五湖”：

洞庭湖：古代号称“八百里洞庭”。面积3879.2平方公里。处于长江中游荆江南岸，地接岳阳、汨罗、湘阴、望城、益阳、沅江、汉寿、常德、津市、安乡和南县等县市。洞庭湖之名始于春秋战国时期，因湖中洞庭山（即今君山）而得名。洞庭湖北纳长江的松滋、太平、藕池、调弦四口来水，南和西接湘、资、沅、澧四水及汨罗江等小支流，由岳阳市城陵矶注入长江。

▲ 洞庭湖

鄱阳湖：中国第一大淡水湖，位于江西省北部，面积

4125 平方公里，国家 AAAAA 级旅游景区。景区内有 41 个岛屿和 7 个自然保护区。湖的西北面是避暑胜地庐山。

巢湖：位于安徽省中部，曾称南巢、居巢湖，俗称焦湖，是长江中下游五大淡水湖之一。东西长 55 公里，南北宽 21 公里，面积 780 平方公里。

太湖：位于长江三角洲的南缘，古称震泽、具区，又名五湖、笠泽，横跨江浙两省，北邻无锡，南濒湖州，西依宜兴，东近苏州。面积 2427.8 平方公里。

洪泽湖：位于江苏省西部淮河下游苏北平原中部西侧淮安、宿迁两市境内，为淮河中下游结合部。面积 2069 平方公里。

关于“四海”,《礼记祭义》中记载：“夫孝置之而塞乎天地，溥之横四海。”古时认为中国四面环海，推而放诸东海而准，推而放诸西海而准，推而放诸南海而准，推而放诸北海而准，之后“四海”就喻指全国各地。现今的“四海”指东海、黄海、南海、渤海。

“四海”：

东海：我国三大边缘海之一，北起长江口岸到韩国济州岛一线，南以南海为邻。大部分海域深度不超过 200 米，因位于中国东部而得名。

黄海：是太平洋西部的一个边缘海，位于中国大陆与朝鲜半岛之间，是一个近似南北向的半封闭浅海。西北以辽东半岛南端老铁山角与山东半岛北岸蓬莱角连线为界，与渤海相连；南以中国长江口北岸启东嘴与济州岛西南角连线为界，与东海相连。黄海平均水深 44 米，海底平缓，为东亚大陆架的一部分。

南海：位于中国大陆的南方，是太平洋西部海域，中国三

▲ 南海

大边缘海之一。九段线内海域为中国领海，该海域的自然海域面积约350万平方公里，其中中国领海总面积约210万平方公里，为中国近海中面积最大、最深的海域，平均水深1212米，最大深度5559米。

渤海：中国唯一的内海，中国最北的近海，亦为中国最浅的半封闭性内海，三面环陆，被辽宁省、河北省、天津市、山东省环抱，通过渤海海峡与黄海相通。平均水深18米，最大水深83米。渤海大陆海岸线长3170公里（包括烟台市的黄海部分）。其中辽宁省的大陆海岸线（渤海部分）1235公里、河北省288公里、天津市153公里、山东省1494公里。

延伸阅读：世界上海拔最高的咸水湖——纳木错湖

纳木错湖是中国西藏自治区最大的内陆湖，也是世界上海拔最高的大型咸水湖，湖面海拔4718米，形状近似长方形，东西长70多公里，南北宽30多公里。最深处120米，蓄水量768亿立方米。蒙古语称“腾格里海”；藏语纳木错意为“天湖”。位于拉萨以北当雄县和那曲市班戈县之间。在念青唐古拉山主峰以北，距离拉萨240公里。纳木错湖南面有终年积雪的念青唐古拉山，北侧和西侧有高原丘陵、广阔的湖滨，草原绕湖四周，水草丰美。湖水含盐量高，流域范围内野生动物资源丰富，有野牛、山羊等。湖中多野禽，产细鳞鱼和无鳞鱼。湖水清澈，与四周雪山相映，风景秀丽。

7. 岳阳楼与千古名篇《岳阳楼记》

在我国古代，楼阁是尊贵和威严的象征，一般临水而建，与湖光山色，相映成趣。许多名篇因楼阁而生，楼阁也因文章的流传而声名远扬。

北宋庆历五年（1045 年），政治家范仲淹主持的政治改革失败被罢去相位，贬为地方官。第二年，范仲淹转到邓州任职。到任后，他建学府、兴水利、惩贪官，把邓州治理得井井有条。壮志未酬——“先天下之忧而忧，后天下之乐而乐”的政治抱负并未消泯。

北宋庆历六年（1046 年），范仲淹的好友滕子京派人送来一封信，附有一幅画。滕子京当年曾与范仲淹同朝为官，因鼎力支持范仲淹主持的“庆历新政”而得罪权贵，与范仲淹同时遭贬。

▲ 岳阳楼

拆开来信，得知这位老友被贬到岳阳为官，花了一年时间把岳阳治理得政通人和、百业俱兴。岳阳当地有一处靠近洞庭湖的楼台古迹，相传是三国时代东吴大都督鲁肃校阅水军的看台，但历经几百年岁月的剥蚀，早已残破不堪。滕子京下令重修岳阳楼。按照旧例，应该写一篇文章刻碑纪念。滕子京立即想到了文采出众的范仲淹，想请他写一篇《岳阳楼记》，于是差人千里送信，随信附带的那幅画，就是岳阳楼的描摹图。

范仲淹对滕子京千里求文之举很感动。当晚，他设宴招待信使，乘着酒兴，千古名篇《岳阳楼记》一挥而就。

延伸阅读：江南名楼黄鹤楼与滕王阁

黄鹤楼位于湖北省武汉市武昌蛇山，号称“天下江山第一楼”。黄鹤楼始建于三国时期，此后1000多年间，多次重修。清光绪十年（1884年），黄鹤楼失火被毁。现在人们看到的黄鹤楼，是1985年在距原址1000米的蛇山峰上重修的（原址被1957年建设的武汉长江大桥引桥占用）。千百年来，无数文人墨客都曾来此登楼赋诗，留下了许多名篇佳作。唐代诗人崔颢一首《黄鹤楼》，更使黄鹤楼名声大噪，名动千古。

关于黄鹤楼，有很多有趣的传说。据说有仙人为了酬谢酒家，在此画下可以舞蹈的黄鹤为酒家招揽生意。酒家成为巨富后，仙人乘鹤而去，酒家遂建黄鹤楼以资纪念。在道教传说中，黄鹤楼曾是吕洞宾传道、修行的道场，因而也是道教名胜。

滕王阁位于江西南昌市，始建于唐代。唐高祖李渊有个儿子叫李元婴，被封为滕王。后来李元婴调任洪州（今江西南昌），在当地建筑楼阁，名为“滕王阁”。唐高宗上元三年（公元676年），大诗人王勃去交趾（今越南）探父，途经洪州时，参加当地官员举办的宴会。席间，王勃即兴写下著名的《滕王阁序》，使得这座楼阁名扬天下。此后千年，滕王阁屡颓屡建，无数历史名人都曾来此，更使得这座千年楼阁具有深厚的历史文化意义。

8. 南海上的“东方夏威夷”——海南岛

海南岛是我国南方的岛屿，从地图上看，海南岛就像一只雪梨横卧在碧波万顷的南海之中。海南岛的长轴呈东北—西南向，长 300 余公里，西北—东南向为短轴，长约 180 公里，面积约 3.4 万平方公里，是中国仅次于台湾的第二大岛。岛上热带雨林茂密，海水清澈蔚蓝，一年中有旱季和雨季两个季节。

海南岛北临琼州海峡，与雷州半岛相望。琼州海峡宽约 30 公里，是海南岛和中国大陆间的海上“走廊”，又是北部湾和南海之间的海运通道。由于邻近大陆，加之岛内山势磅礴，五指山参天，因此每当天气晴朗、万里无云之时，站在雷州半岛的南部海岸遥望，海南岛便隐约可见。海南岛西北部有浮水洲岛，也称为夜莺岛、龙尾岛，在江河入海口与琼州海峡的同纬度间，距海南岛最近处 130 公里。

▲ 三亚海滩

在地质时期，海南岛原与华夏大陆相连，后断陷形成岛屿。在《大清一统舆图》上，中国最大的岛屿是东北隅的库页岛，比台湾岛、海南岛、崇明岛加在一起还要大。1860 年，沙皇俄国通过《中俄北京条约》逼迫清政府割让库页岛。从此，中国第一大岛变成台湾岛，第二大岛变成海南岛。

延伸阅读：没有围墙的湿地博物馆——海口

海口市作为中国历史文化名城、因湿地保护而成“网红”的城市，2018 年 10 月在迪拜举行的《国际湿地公约》第 13 届缔约方大会上，它与世界其他 17 座城市荣获全球第一批“国际湿地城市”称号。海口，一座没有围墙的湿地博物馆，一座历经千年光阴的历史名城，摘取了这顶令人瞩目的桂冠，意义非凡。

海口市隶属海南省，自古有“水城”美誉，河流、沼泽、湖泊、水库纵横交错。它既是“水口”亦是“火口”，世界地质公园火山口与广袤的海口水城构成了湿地城市的独特景观。有滨海湿地、河流湿地、湖泊湿地、人工湿地 4 个湿地类及 11 个湿地型，湿地率达 12.7%，湿地保护率达到 55.53%。海口作为国际湿地城市，地理资源优厚，人文景观蔚为壮观。

从空中俯瞰海口，那一片沟壑纵横、绿意浓郁的大片风景，就是为海口赢得世界声誉的湿地腹地。熔岩湿地的羊山火山村落、热带北缘的红树林湿地、滨海湿地、城市内河（湖）修复湿地，那是上苍赋予海南岛的绿野仙踪；潭丰洋、美舍河、五源河、新旧沟及东西湖，每一片湿地，都隐含着历史厚重的故事。它既遥远又亲近，既神秘又阳光，那流传千年的往事，至今仍动人心魄。

9. 中国宝岛台湾

台湾位于中国大陆东南海域，东临太平洋，西隔台湾海峡与福建省相望，南界巴士海峡与菲律宾群岛相对。台湾地区由中国第一大岛台湾岛和周围属岛以及澎湖列岛两大岛群，共80余个岛屿组成，总面积3.6万平方公里，总人口2369万。

台湾宝岛，自然景观与生态资源丰富，名胜古迹比比皆是，清代就有“八景十二胜”之说。其中太鲁阁以峡谷景观著称，拥有高山、断崖、瀑布、河阶之美。台湾还是蝴蝶王国，年产蝴蝶4000多万只，种类多达400余种，并有50多种特有蝶类，其中不少是世界上最美、最珍贵的品种。台湾是兰花之岛，在国际花卉市场上享有盛誉，有两千多个品种。驰名中外的蝴蝶兰，珍稀名贵，香气四溢，花朵似展翅欲飞的彩蝶，曾在第三届国际花展上获得冠军。台湾是珊瑚王国，有300余种珊瑚，占世界各类珊瑚的1/3，年产量占世界总产量的80%，是世界有名的珊瑚出口基地。台湾是樟脑王国，樟树驰名中外，有世界最大的樟树带，樟脑年产量占世界总产量的70%以上。台湾是鸟类之乡，鸟类有400余种，占我国鸟类种数的35%以上。台湾是植物王国，植物种类繁多，多达4000余种，相当于欧洲木本植物种类的2/3。

台湾是中华人民共和国省级行政区，是中国领土不可分割的一部分。台湾地区的少数民族高山族在17世纪已在此定居，明末清初始有大量福建南部和广东东部人民移居台湾，最终形成以汉族为主体的社会。宋代澎湖即已列入中国版图；元、明在澎湖设巡检司。明末台湾被荷兰和西班牙侵占，1662年被郑成功收复。清代于1684年置台湾府，隶属福建省，1885年台湾建省。1895年清政府根据《马关条约》将台湾割让给日本，1945年中国人民抗日战争胜利后台湾光复，中国政府恢复了台湾地区的行政管理机构。1949年国民党当局退至台湾，1954年美国同台湾当局签订《共同防御条约》，造成台湾同祖国大陆分离的状况。

台湾是中国的一部分，两岸同属一个中国的历史和法理事实，是任何人、任何势力都无法改变的。两岸同胞都是中国人，血浓于水、守望相助的天然情感和民族认同，是任何人、任何势力都无法改变的。台海走向和平稳定、两岸关系向前发展的时代潮流，是任何人、任何势力都无法阻挡的。国家强大、民族复兴、两岸统一的历史大势，更是任何人、任何势力都无法阻挡的。

延伸阅读：阿里山与日月潭

来到祖国的宝岛台湾，人们最想去的地方就是日月潭和阿里山。日月潭不但美，还有很多故事。阿里山更是闻名遐迩，人们很早就熟知那首“高山青，涧水蓝，阿里山的姑娘美如水呀，阿里山的少年壮如山……”的歌曲。

阿里山位于台湾地区嘉义市东方75公里，海拔2216米，坐标为北纬23º31'、东经120º48'，东面靠近台湾最高峰玉山。由于山区气候温和，盛夏时依然清爽宜人，加上林木葱翠，是全台湾最理想的避暑胜地和著名的旅游风景区。

阿里山和玉山山脉与玉山公园相邻，平均气温为10.6℃，夏季平均气温14.3℃，冬季平均气温6.4℃。阿里山森林游乐区西靠嘉南平原，北界云林、南投县，南接高雄、台南县，总面积为约20平方公里。

阿里山共由18座高山组成，属于玉山山脉的支脉。群峰环绕、山峦叠翠、巨木参天。相传以前，邹族酋长阿巴里来此打猎满载而归，后常带族人来此，人们为感念他便以其名命名此地。了解真实的阿里山文化历史就应深入阿里山邹族文化部落。在阿里山邹族的文化园区，就会进一步认识邹族这个英勇的民族。

阿里山的日出、云海、晚霞、森林与高山铁路，合称阿里山五奇。阿里山铁路有70多年历史，是世界上仅存的三条高山铁路之一，途经热、暖、温、寒四带，景致迥异，搭乘火车如置身自然博物馆。尤其是三次螺旋环绕及第一分道的Z字形爬升，更让人难以忘怀。

日月潭在阿里山的西边，是由玉山和阿里山漳的断裂盆地积水而成。是台湾地区第一大天然湖泊，位于台湾地区阿里山以北、能高山之南的南投县鱼池乡水社村，旧称水沙连、龙湖、水社大湖、珠潭、双潭，亦名水里社。

日月潭湖面海拔748米，常态面积为7.93平方公里（满水位时10平方公里），最大水深27米，是台湾外来生物种类最多的淡水湖泊之一。它以光华岛为界，北半湖形状如圆日，南半湖形状如弯月。

在清代，日月潭即被选为台湾八大景之一，有“海外别一洞天”之称。2009年，又入选世界纪录协会“台湾最大的天然淡水湖”。

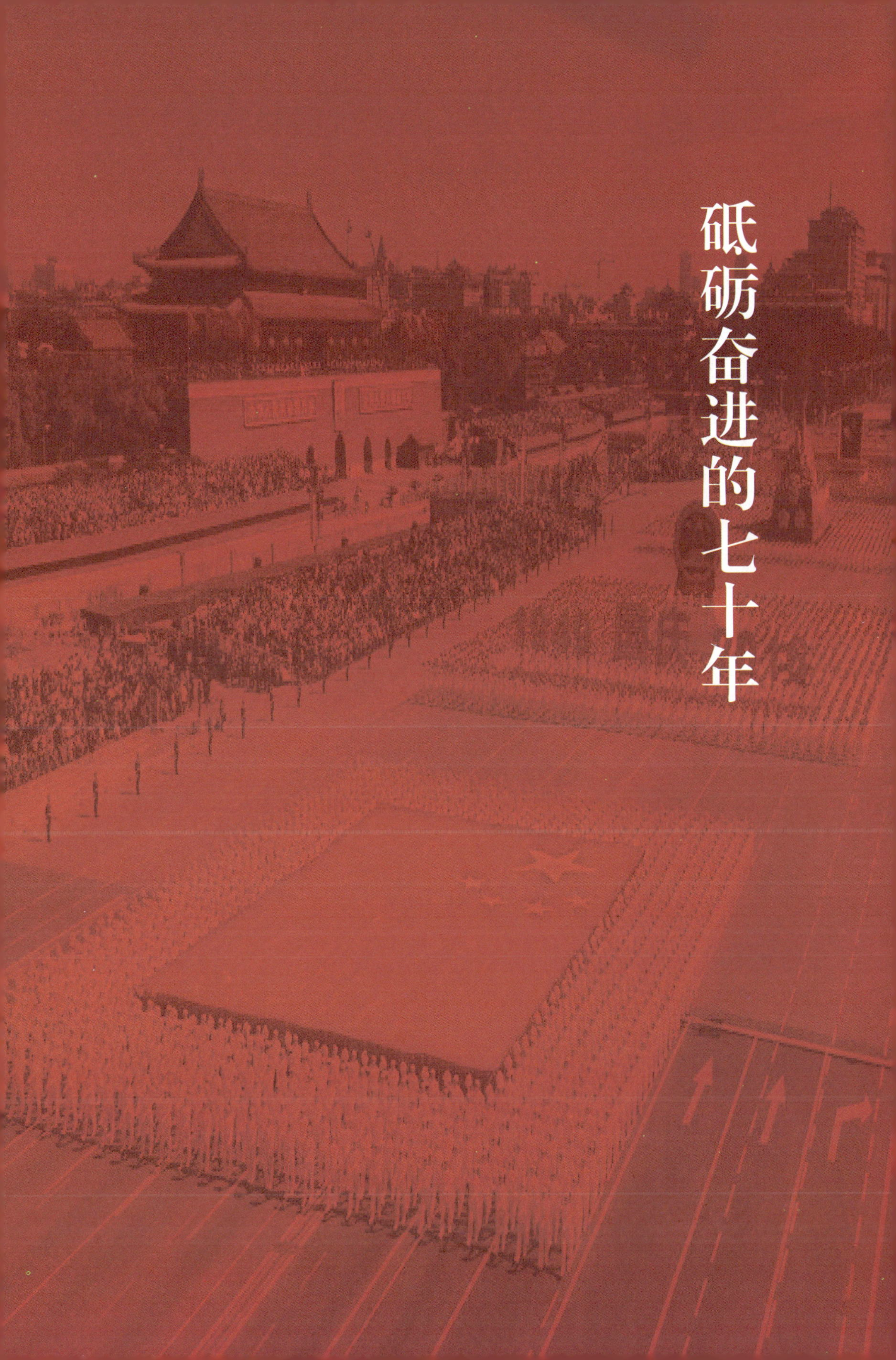

砥砺奋进的七十年

“砥砺奋进的七十年”所展示的伟大成就，充分证明坚持走中国特色社会主义道路，是实现中华民族伟大复兴的必由之路。

1. 中华人民共和国诞生

▲ 开国大典

1949 年 1 月，震惊中外的“三大战役”接近尾声。当时，困守北平的华北“剿总”傅作义，经过解放军和中共北平地下党的耐心工作，率部起义，北平宣告和平解放。中国共产党领导全国人民艰苦奋斗 28 年，终于迎来胜利的曙光。经过长期的革命斗争，我们党采取“农村包围城市”的战略，推翻了国民党反动派的统治。如今，建立全国性政权、筹建中华人民共和国的任务，急迫地摆在全党和全国人民的面前。

1949 年 3 月 5—13 日，中共中央在西柏坡召开了第七届中央委员会第二次全体会议，讨论党在革命胜利后的一系列建国事宜。3 月 23 日，中共中央、中央军委和中国人民解放军总部一齐迁往北平。经过三个月紧锣密鼓的筹备，1949 年 9 月 21 日至 30 日，由中国共产党、全国各民主党派、无党派人士、海外侨胞代表参加的中国人民政治协商会议在北平隆重举行。这次大会承担着建立中华人民共和国的历史使命，通过了《中国人民政治协商会议共同纲领》（简称《共同纲领》）、《中国人民政治协商会议组织法》《中华人民共和国中央人民政府组织法》三大奠基性文件。大会还决定将“北平”更名为“北京”，并将其定为中华人民共和国的首都，同时还议定了国旗、国徽、国歌、开国大典等问题。选举产生了中央人民政府委员会，由毛泽东担任中央人民政府主席。

1949 年 10 月 1 日，开国大典在天安门广场隆重举行。下午 3 时，毛泽东主席与中央人民政府委员登上天安门城楼。30 万群众在天安门广场参加了大典和庆祝活动。在万众瞩目中，毛主席向全世界庄严宣告：“中华人民共和国中央人民政府今天成立了！”

中华人民共和国的建立，开辟了中国历史的新纪元，从此，中国结束了一百多年来被侵略被奴役的屈辱历史，真正成为独立自主的国家。中国人民从此站起来了，成为国家的主人，中华民族开始以崭新的面貌屹立于世界东方。

延伸阅读：人民第一次成为土地的主人

中国几千年来都是以农立国，而土地则是最重要的生产资料，被视为财富的源泉与象征。自战国时代开始，我国一直实行封建土地所有制。天下大部分耕地集中在统治阶级和大小地主手中，而占全国人口绝大多数的农民却只有很少或没有土地。正所谓“富者田连阡陌，贫者无立锥之地”。这种土地制度引发了诸多社会矛盾。中国历朝历代爆发的农民战争，其根源之一就在于土地制度的弊端。随着时代发展，封建土地所有制越来越严重地阻碍着社会经济的发展，成为导致中国近代落后挨打的根源之一。

中华人民共和国成立前，占农村人口不到 5% 的地主、富农占有 50% 的土地。广大农民由于缺少土地，只能受雇于地主，遭到残酷剥削，生活得不到温饱。广大农民非常渴望获得土地。

新民主主义革命时期，中国共产党实行土地改革，在控制区域内建立人民政权，废除了封建土地所有制，将土地按人口平均分配给广大人民。早在20世纪30年代，红军就在苏区实施过土改。1949年7月，中国共产党在西柏坡举行全国土地会议，通过了《中国土地法大纲》，在解放区实行更大规模的土改。轰轰烈烈的土地改革运动，消灭了封建土地制度，改变了农村旧有的生产关系。解放区一亿多农民获得了土地，从而在经济上真正获得了解放。

中华人民共和国建立后，解放军继续追歼国民党残敌，更多的国土获得了解放。1950年6月30日，中央人民政府颁布了《中华人民共和国土地改革法》，宣布在全国范围内废除封建土地所有制，实行农民土地所有制。《中华人民共和国土地改革法》实施后，3.1亿解放区人民获得了土地。此举促进了农业生产和国民经济的发展，为中华人民共和国的工业化提供了必要的经济基础。

到1952年，全国除新疆、西藏等少数民族地区以及台湾地区外，基本上完成了土地改革任务（1959年，西藏地区也开始了土地改革）。至此，全国农民真正成了土地的主人。

2. 雄赳赳，气昂昂，跨过鸭绿江

“雄赳赳，气昂昂，跨过鸭绿江！保和平，卫祖国，就是保家乡！”1950年10月，中国人民志愿军高唱着《志愿军军歌》，渡过中朝边境的鸭绿江，开赴抗美援朝的战场。

第二次世界大战结束后，朝鲜半岛以北纬38度线为界，分裂为朝鲜和韩国。1950年6月25日，朝鲜内战爆发。7月

7 日，美国操纵联合国安理会通过了第 84 号决议，组织了以美国为首的 16 国军人参战“联合国军”出兵朝鲜，打击南下的朝鲜人民军。朝鲜人民军向中朝边境败退。美军前锋至鸭绿江，美国飞机则轰炸了中国安东（今辽宁丹东），使中国领土安全受到严重威胁。10 月 25 日，中国应朝鲜政府请求，出兵与朝鲜人民军一道抗击美军。

中国以中国人民志愿军的名义参加了朝鲜战争。美国是当时世界上最强大的国家，装备、后勤补给远比志愿军优越，并拥有着绝对的海空优势，但志愿军克服种种困难，充分利用朝鲜的复杂地形，以及美军初期轻敌的弱点，浴血奋战，取得了一系列胜利，打击了美帝国主义的嚣张气焰，维护了世界和平，也维护了中国的安全。

中国人民志愿军中涌现出许多可歌可泣的英雄故事，如著名英烈黄继光、邱少云、罗盛教的事迹，至今仍感动着中华儿女。

黄继光烈士牺牲于著名的上甘岭战役。1952 年 10 月 19 日晚，黄继光所在部队奉命向敌军盘踞的 597.9 高地发动进攻，要求必须在天亮前攻克高地。敌军的一个火力点封锁了志愿军前进的道路。机枪吐出的火舌吞噬了许多战士的生命。眼见离天亮越来越近，黄继光匍匐到敌军碉堡前，纵身跃起，用胸膛挡住了敌人的机枪口，为战友们拔除火力点创造了机会。黄继光牺牲时，年仅 21 岁。

▲ 上甘岭英雄阵地

邱少云烈士也是在上甘岭战役中牺牲的。1952 年 10 月 11 日，邱少云所在部队负责进攻金化以西敌军据守的 391 高地。志愿军战士趁天黑摸到 391 高地附近的蒿草丛中埋伏起来，准备等各部准备就绪后发起进攻。12 日凌晨，高地上的敌军向周边草丛发射燃烧弹，以确认中朝军队是否靠近。火星点燃了邱少云身上的棉衣，为了不暴露部队，邱少云放弃自救，以巨大的献身精神任凭烈火烧灼，一动不动地忍受了巨大痛苦后，壮烈牺牲，年仅 26 岁。

罗盛教烈士是 1951 年 4 月参加中国人民志愿军的。到朝鲜后，他经常帮助驻地的百姓挑水劈柴，与当地人民融洽相处。1952 年 1 月 2 日清晨，罗盛教和战友从朝鲜平安南道成川郡石田里附近的栎沼河河边出操回来。当时正值隆冬，附近 4 名朝鲜少年在河面上滑冰，忽然一名少年掉入冰窟。罗盛教听到呼救声，立即纵身跳入冰窟，在冰冷的河水中营救少年。最终，少年得救，罗盛教却因耗尽力气，沉入冰河，壮烈牺牲，年仅 21 岁。村民们将罗盛教的遗体安葬在村边的佛体洞山。罗盛教舍己救人的行为，彰显了志愿军伟大的国际主义精神，为中朝人民的友谊做出了巨大贡献。

经过两年零八个月鏖战，志愿军先后历经五次重大战役，终于把战线维持在北纬 38 度线附近。1953 年 7 月 27 日上午 10 时，朝、中、美三方在板门店签署了停战协议。朝鲜战争打出了中国的国威。此前西方列强一直轻视中国军队，世界头号强国美国在这场战争中动用了其陆军兵力的三分之一、海军兵力的二分之一、空军兵力的五分之一，却没有取得战争的胜利。这使得西方开始重视中国的实力。抗美援朝的光辉事迹将永载史册。

延伸阅读：表达浓烈爱国主义情感的电影《上甘岭》插曲——《我的祖国》

我的祖国

影片《上甘岭》插曲

乔羽 词
刘炽 曲

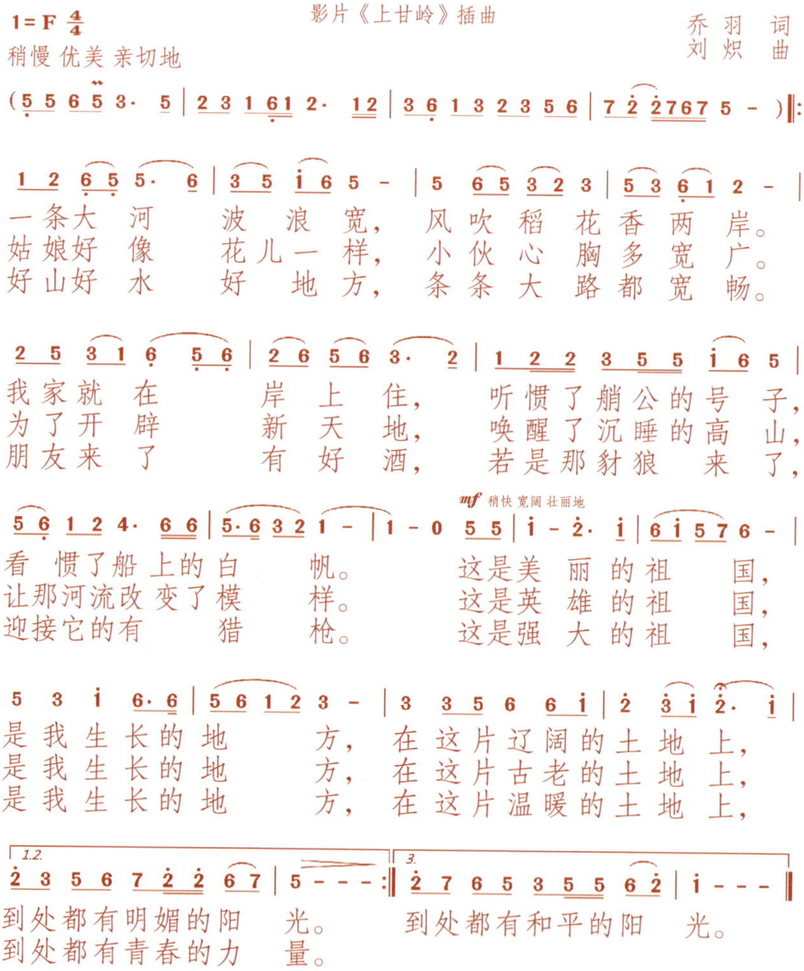

1952年10月14日至11月25日，震惊中外的上甘岭战役打响。这是整个抗美援朝战争中，最为激烈的一场战役，战斗之激烈、规模之大，世所罕见。英勇的志愿军战士先后打退敌人900多次进攻。后来，上甘岭战役被拍成电影《上甘岭》，于1956年在全国公映，该电影的插曲《我的祖国》也随之传遍大江南北。这首歌表达了浓烈的爱国主义情感，歌曲前一部分以女高音唱出了祖国江河帆影点点、田野稻浪飘香的美丽景色；后一部分用混声合唱形式，突出“美丽的祖国”的主题，抒发强烈的爱国情怀，激情澎湃，气势磅礴。

3.“宁可少活20年，拼命也要拿下大油田”

▲ 1959年大庆油田：喷井的刹那，工人欢呼起来

1960年初春，黑龙江省的严寒还未退去，王进喜就带领1205钻井队来到地处松辽盆地一个叫萨尔图的荒原，准备参加即将开始的石油大会战。但是当重达几十吨的设备运到时，所有人都傻眼了，因为现场既没有吊车，也没有拖拉机。为了抢时间早日开钻，王进喜和工人们二话没说，硬是通过人拉肩扛，把设备运到了工地。接下来的三天三夜，他们又是通过人力，在茫茫荒原上竖立起了高达40米的钻井架。

一切进展都很顺利，人们期待着石油能喷涌而出的那一刻。谁知，当工人们在打第二口井的时候，由于井底压力升高突然发生了井喷。井喷一旦发生，最好的办法是加入重晶石粉压制。由于没有重晶石粉，王进喜决定用水泥代替。不过，水泥一旦搅拌不均匀，就会沉到井底，造成油井报废。在这万分紧急的时刻，王进喜想都没想就跳进了泥浆池。那可是零下二十几度的天气，更何况他的腿脚还有伤。

然而，对这一切，王进喜毫不在意，他使出全身力气，手腿并用搅动着浑浊的水泥浆。就这样，井喷事故得到了遏制。事后，王进喜说："我宁可少活20年，拼命也要拿下大油田。"这就是那一代中国人的真实写照。可以说，中华人民共和国之所以能屹立不倒，靠的就是勇于牺牲、顽强拼搏、艰苦奋斗的精神，如果没有这种精神，中国的建设就不会取得一系列令世人惊叹的辉煌成就。

延伸阅读：从科学家李四光到铁人王进喜

李四光是我国著名的地质学家，如果没有他的"陆相生油"地质理论，中国要想在短时间内找到石油，那几乎是不可能的事。

当时国际地质学界都认为，石油只可能在海相地层中产生，而中国是陆相地层，所以，不可能有石油。西方人在1913年曾到中国西北、华北和东北地区找石油。日军占领东北时，也曾派出地质人员找石油，但由于他们恪守海相生油理论，最终一无所获。

李四光不迷信权威，经过深入研究，毅然提出了自己的见解，那就是陆相地层同样能产生石油。接着，李四光就确立了先找油区、再找油田的思路。经过深入研究考察，李四光把柴达木盆地、东北平原凹陷地等作为重点勘探对象。正是因为李四光从理论层面科学地为我国石油勘探指明了方向，中国才在石油事业上迈出了开拓性的重要一步。

说到李四光，还必须说王进喜。如果没有像王进喜这样的一线工人，中国石油资源要想得到开发，同样是个大难题。王进喜是中国培养的第一代钻井工人。在参加大会战之前，他已经积累了丰富的实战经验。他所在的钻井队被称为“钢铁钻井队”，他也获得了“铁人”的美誉。敢闯、敢想、敢干，正是王进喜一贯的作风。

▲ 铁人王进喜

可以这样说，从李四光到王进喜的奋斗之路，就是一条中国石油的发现之旅，就是中国由弱到强的崛起之路。

4. “两弹一星”是中华民族的骄傲

“两弹一星”指的是核弹（原子弹、氢弹）、导弹和人造卫星。美国在 1945 年试爆了人类第一颗原子弹，而且将其运用于实战，使全人类目睹了核武器的恐怖威力。战后，世界各主要军事强国不甘落后，纷纷加紧研发核武器。中华人民共和国建立之初，美国不仅在经济上进行封锁、禁运，在金门炮战

▲ 我国第一颗原子弹爆炸成功

期间公然干涉中国内政，对我国进行核威胁。因此，研制自己的核武器，以打破美帝的核威胁与核垄断的任务，就摆在中国领导者和建设者的面前。

为了防止国内外敌人的干扰和破坏，我国研究“两弹一星”的科研基地设在荒无人烟的西北大戈壁，大批科学家和相关工作人员以极大的献身精神，隐姓埋名，开始了秘密研究。当时我国的经济基础还很薄弱，但科研工作者克服了很多困难，经过不懈努力，中国制造的第一枚近程弹道导弹于 1960 年 11 月 5 日发射成功。1964 年 10 月 16 日，我国第一颗原子弹爆炸成功，中国成为世界上第五个拥有核武器的国家。

1967 年 6 月 17 日，我国西北又腾起氢弹爆炸的蘑菇云，标志着中国成为第三个拥有氢弹的国家。1970 年 4 月 24 日 21 时，我国第一颗人造地球卫星“东方红一号”发射成功，标志着中国成为第五个发射人造卫星的国家，由此开启了中国人的航天纪元。导弹、核弹、卫星是国家实力的象征。我国从一个一穷二白的落后农业国，到拥有“两弹一星”，速度之快，举世瞩目。“两弹一星”是中国科技史上的壮举，是科研工作者完成的不朽伟业。1999 年 9 月 18 日，中共中央、国务院、中央军委将“两弹一星”功勋奖章授予邓稼先、钱三强、钱学森、朱光亚、赵九章等 23 名为“两弹一星”事业做出突出贡献的科学家。

邓小平曾经说，如果没有“两弹一星”，中国就不能叫有重要影响力的大国，就没有现在这样的国际地位。“两弹一星”反映了一个民族的能力，也是一个民族、一个国家兴旺发达的标志。这番话是对“两弹一星”伟大意义的最好诠释。“两弹一星”及其研发过程中展现出的中国人艰苦创业、拼搏奋斗的精神，永远是中华民族的骄傲。

延伸阅读："中国航天之父""中国导弹之父""火箭之王"钱学森

钱学森是为中国国防事业和科技发展做出无可估量贡献的老一辈科学家群体中影响力最大、功勋最为卓著的杰出代表，是中国留学归国人员中的典范，是享有崇高威望的人民科学家。

1934年，钱学森考取清华大学公费留学生，次年9月进入美国麻省理工学院航空系学习。两年后，他转入美国加州理工学院航空系，师从世界著名空气动力学教授冯·卡门，先后获得航空工程硕士学位和航空、数学博士学位。

1938—1955年，钱学森在美国从事空气动力学、固体力学和火箭、导弹等的研究，与导师共同完成高速空气动力学研究课题并建立"卡门—钱近似"公式，在28岁时就成为世界知名的空气动力学家。

尽管在美国有着优越的工作条件和优厚的生活待遇，然而，功成名就的钱学森却始终关心着祖国的发展。1955年10月，钱学森终于冲破重重阻力回到祖国。回国后，他和钱伟长合作筹建中国科学院力学研究所，并出任首任所长，全身心地投入火箭和导弹的研制工作。

▲ 钱学森

1956年初，钱学森向中共中央、国务院呈报《建立我国国防航空工业的意见书》，对发展我国的导弹事业提出了长远规划。同年，国务院、中央军委根据他的建议，成立了导弹、航空科学研究的领导机构——航空工业委员会，并任命他为委员。也在这一年，钱学森受命组建中国第一个火箭、导弹研究机构——国防部第五研究院，并担任首任院长。

从那时开始，钱学森长期担任火箭导弹和航天器研制的技术领导职务，以他在总体、动力、制导、气动力、结构、材料、计算机、质量控制和科技管理等领域的丰富知识，为中国火箭、导弹和航天事业的发展做出了重大贡献，赢得“中国航天之父”的美誉。

他主持完成了“喷气和火箭技术的建立”规划，参与了近程导弹、中近程导弹和中国第一颗人造地球卫星的研制，直接领导了用中近程导弹运载原子弹的“两弹结合”试验，参与制订了中国第一个星际航空的发展规划，发展建立了工程控制论和系统学等学科。

钱学森是举世公认的人类航天科技的重要开创者和主要奠基人之一，是工程控制论的创始人，是20世纪应用数学和应用力学领域的领军人物，被称为中国近代力学和系统工程理论与应用研究的奠基人。他在空气动力学、航空工程、喷气推进、工程控制论、物理力学等科学领域做出了开创性贡献。

钱学森是中国科学院院士、中国工程院院士，曾获中科院自然科学奖一等奖、国家科技进步奖特等奖、小罗克韦尔奖章和世界级科学与工程名人称号，被国务院、中央军委授予“国家杰出贡献科学家”荣誉称号，荣获中共中央、国务院、中央军委颁发的“两弹一星”功勋奖章。

在毕生实践科学报国信念的奋斗历程中，钱学森淡泊名利，人品高洁，充分展现出一位科学大师的高尚风范。他说：“我作为一名中国的科技工作者，活着的目的就是要为人民服务。如果人民最后对我一生所做的工作表示满意的话，那才是对我最高的奖赏。”

2009年10月31日，这位被誉为人民科学家的科学巨擘走完98年的人生历程，溘然长逝。

5. 研制核潜艇，以威慑对付威胁

核潜艇是以核燃料为动力的潜艇，续航能力很强，是名副其实的水下杀手。而装载配备核导弹的战略导弹核潜艇不仅可对敌实施有效核威慑，还将成为第二次核打击的撒手锏，可以有力遏制他国的核讹诈。这是中国研发战略导弹核潜艇的目的。

▲ 中国核潜艇

但核潜艇建造难度大、价格昂贵。包括我国在内，世界上目前只有6个国家拥有核潜艇。1966年，我国白手起家，开始了研发核潜艇的坎坷历程。首批核潜艇研制人员集结了各行各业29名专家，当时他们手中仅有的参考资料是两张模糊不清的核潜艇照片和两件分别从美国和香港带回来的儿童航模玩具。研究者们首先用木头按1∶1比例制造了一个核潜艇模型。经过几个寒暑的艰辛摸索和科技攻关，到1970年，091型核动力潜艇成功下水，编号为401艇，这是我国首艘核潜艇。在此基础上中国又成功建造了092型核潜艇。首艘092型核潜艇于1981年建成下水，这是我国第一艘战略导弹核潜艇。自此，中国终于从无到有，拥有了“三位一体”的核打击力量。

延伸阅读：誓干惊天动地事、甘做隐姓埋名人的黄旭华

我国第一代核潜艇总设计师黄旭华，为国家利益隐姓埋名、默默工作，60 多年来潜心技术攻关，为核潜艇研制和跨越式发展做出了巨大贡献。

黄旭华在入党申请书里写过这样一段话："党需要我把血一次流光我要做到，党如果不是要求一次流光，而是一滴一滴慢慢流，一直流尽为止，我也坚决做到。"

▲ 黄旭华

黄旭华是世界上核潜艇总设计师亲自下水做深潜试验的第一人。他说："人都是爱惜自己的生命的，我也是一样。严格来讲，这也叫作'贪生怕死'。贪生，爱惜我的生命；怕死，是怕没有价值的死。我下去一定要把试验数据完完整整拿回来，而不是硬装好汉，去让大家牺牲。"

黄旭华今年 95 岁了，他说："离开母亲的时候，答应她要常常回家看看。但那之后三十年没有回家，我没遵守这个诺言，但恪守了对组织的承诺，就是绝对保守国家的机密，这点我做到了。因此我虽然有那么多遗憾，但是无怨无悔。"

6. 艰难曲折的前进

中华人民共和国成立后，中国共产党开始探索如何在中国这样一个经济、文化比较落后的国家建设社会主义。在 1956 年 4 月 25 日的中共中央政治局扩大会议上，毛泽东做了《论十大关系》的报告，提出要把马克思主义普遍原理和中国实际进行“第二次结合”，独立探索一条适合中国国情的社会主义建设道路。随后召开的中共八大拉开了全面建设社会主义的序幕。

1957 年 2 月在最高国务会议第十一次（扩大）会议上，毛泽东做了《关于正确处理人民内部矛盾的问题》的报告，提出把正确处理人民内部矛盾作为国家政治生活的主题，严格区分和正确处理社会主义社会的敌我矛盾和人民内部矛盾两类不同性质矛盾，并确立了处理人民内部矛盾的指导方针。这是探索中国社会主义建设道路、搞好国家治理的最新理论和实践成果。

也是在 1957 年，我国开始执行第二个五年计划。但是到了 1958 年，由于缺乏经验，我国在社会主义建设道路上低估了现实困难，按照“大跃进”的要求，“二五”期间我国工农业产值必须几倍几十倍地增长。由于在经济发展上制定了不切实际的高指标，结果导致浮夸风盛行。1959—1961 年间，我国遭遇三年自然灾害，“大跃进”所导致的国民经济严重比例失调的弊端暴露出来，全国出现粮食和副食品短缺的危机，人民群众的生活遇到了严重的困难。

1960 年，中共中央根据实际情况，开始对经济进行整顿和调整。到 1962 年，国民经济开始好转。此后国家经济进入三年调整时期。到 1966 年，我国开始执行第三个五年计划。尽管受到“文化大革命”的影响，到 1970 年，“三五”计划主要指标仍基本上完成或超额完成。

尽管遭遇了严重挫折，1956—1976 年的社会主义建设仍然取得许多令人瞩目的成就。首先，我国在这一时期完成了第二、第三个五年计划，工业产值显著增长，初步奠定了工业基础，使我国摆脱了一穷二白的面貌，使古老的中国以崭新的姿态屹立在世界的东方。这一时期教育也得到普及，为国家培育和储备了大量高素质的劳动力。“两弹一星”等尖端科学技术取得突破，为国防安全创造了有利条件。在社会主义建设理论和实践方面，虽然有许多错误，但仍取得了许多宝贵的经验教训。这些都为后来的改革开放和经济腾飞奠定了基础。

延伸阅读：划时代的里程碑

我国的社会主义革命和建设，从 1949 年到 1978 年，经历了四个阶段。

第一个阶段为社会主义制度的确立和社会主义改造基本完成阶段，时间是 1949—1956 年。在这一阶段，我国实施了“一五”计划，完成了三大改造，召开了第一届人民代表大会，制定了宪法，由新民主主义社会过渡到社会主义社会。

第二阶段为社会主义建设的摸索和探索阶段，时间为 1956—1966 年。这一阶段，我国在探索中曲折前进，但仍取得巨大成就。

第三阶段为 1966—1976 年。“文化大革命”历时 10 年，是我国社会主义道路遭遇严重挫折阶段。

第四阶段，以 1978 年党的十一届三中全会胜利召开为标志，我国进入改革开放和有中国特色社会主义现代化建设阶段。中国特色社会主义道路得以开辟，并建立起社会主义市场经济体制，综合国力和人民生活水平大幅度提升，为全面建设小康社会、基本实现社会主义现代化拓展了广阔前景。

7. 小岗村的手印

中国的改革开放首先是从农村开始的，小岗村被称为“中国农村改革第一村”。

“凤阳地多不打粮，碾子一住就逃荒。只有凤阳女出嫁，不见新娘进凤阳。”这是70年代流传在安徽凤阳的一段花鼓词。那时候，凤阳可是安徽出了名的穷地方，而凤阳的小岗村，更是有名的“三靠村”，即“吃粮靠返销，用钱靠救济，生产靠贷款”。

但是当1978年到来时，一切都悄然发生了变化。那是一个冬夜，在小岗村一个低矮的茅草屋里，18个村民在一份“大包干”的协议书上，按上了自己的手印。所谓“大包干”，是指包干到户，也就是把土地承包给个人种植。在当时，这可是件违法的事，搞不好很可能要坐牢，因为这是在鼓励私有制。可是村民已经顾不了那么多了，过去的一段时间，小岗村有好多人吃不上饭，为了活命，也只能拼命一搏。

▲ 小岗村村民

谁也没料到，这18个手印，竟然拉开了中国农村改革的序幕。自此，全国许多地方开始实行包干到户，也就是“家庭联产承包责任制”，把土地交给农户个体，粮食打多打少，均由个体自负盈亏。可别小看这一举措，因为正是如此，农民们从根本上解决了温饱问题，农村一改往日的死气沉沉，爆发出前所未有的活力。

延伸阅读：大碗茶的故事

1979年夏天，一个叫尹盛喜的北京知识青年，不时地在北京前门来回踱着，思考自己作为一个街道办基层干部，到底该如何去帮助身边大量回城知青和无业人员解决就业的问题。他看见周围除了几个照相摊，甚至连个喝水的地方都没有，于是，灵机一动，想出了一条卖大碗茶的出路。

那时候，很少有人知道什么叫“下海”，更没有人敢丢下铁饭碗去“下海”。但尹盛喜却敢，结果，他成了第一个吃螃蟹的人。没想到，第一天生意就非常火爆，差不多卖了 3000 多碗大碗茶。紧接着，北京城又出现了好多茶摊。就这样，大碗茶成了 1979 年夏季北京城最亮丽的一道风景。

尹盛喜的成功既得益于脑筋灵活，营销能力强，更得益于政府的大力支持。据说，他创办的“青年茶社”获得了三年免税的政策照顾。这是改革开放这项国策给予的福利。几个月后，尹盛喜再次创新商业模式，在茶摊周边又卖起了手套、围巾和白酒。结果，当初的茶摊越变越大。

▲ 北京大碗茶

1984 年，尹盛喜终于创办了自己的贸易公司。不过，尹盛喜最喜欢做的还是大碗茶的生意。这一次，他从文化入手，把大碗茶摊改造成了“老舍茶馆”。对尹盛喜来说，这是个了不起的创举，他将文化和商业相结合，开创了以文化传播和商贸结合的新的经营模式，保证了事业的长久发展。

8. 举世瞩目的“深圳速度”

改革开放以来，要问中国哪座城市发展最快，那一定是深圳。1982年，为了提升深圳的城市形象，当地政府决定建一座中国最高楼。一年后，国贸大厦进入主楼施工阶段，最快时曾创造了三天就能盖好一层楼的奇迹。这就是“深圳速度”的最早出处。

其实，“深圳速度”在一个人的身上体现得最明显，他就是袁庚——蛇口工业区的实际主导者。1978年，在对香港考察一番后，时任交通部香港招商局常务副董的袁庚向党中央提出建设蛇口工业区的想法。时任中共中央副主席李先念、国务院副总理谷牧听取了交通部领导和袁庚的汇报。李先念批示：“同意。请谷牧同志召集有关同志议一下，照此办理。”在中央领导的支持下，袁庚大刀阔斧地推行改革，仅用了一年时间，就让蛇口工业区从想法变成现实。

▲ 深圳市区

更加了不起的是，从1979到1984年，袁庚领导蛇口人创造了24个全国第一：第一个进行民主选举，第一个进行人才公开招聘，第一个改革人事制度；创办第一家股份制中外合资企业，创办大陆第一家股份制商业银行——招商银行，创办大陆第一家由企业合股兴办的保险公司——平安保险，等等。

总之，袁庚领导的蛇口工业区，是对“深圳速度”的最好诠释。这种诠释可以概括为一句话：“时间就是金钱，效率就是生命”。也可以概括为“敢想、敢言、敢试、敢闯、敢为天下先”的“五敢精神”。

延伸阅读：改革开放的排头兵

中国改革开放的成功，离不开经济特区。经济特区是改革开放的前沿阵地，为中国这艘大船的改革试航，提供了最为宝贵的经验。深圳是最早的经济特区之一，它的战略意义是不言而喻的。

珠海，从一开始，和大多数特区一样，发展经济是重中之重。不过，不一样的是，珠海特别注重经济发展和环境保护的平衡。所以，珠海走出一条主动摒弃高能耗企业、大力发展外贸以及高科技产业的道路。另外，珠海率先实现12年义务教育，在全国教育改革中迈出坚实步伐。

继珠海之后是汕头。民间有句话叫“三分天注定，七分靠打拼”，汕头的经济特区是拼出来和闯出来的。因为汕头是全国有名的侨乡，先是积极借助华侨，引入投资；接着，从服务质量和工作效率入手，在全国创造了多个率先，比如“24小时审批答复制度”就是个典型案例。此外，汕头因为属于潮汕地区，还特别注重本土文化的开发和创新。

厦门是改革开放中涌现的又一个独具特色的经济特区。因为毗邻台湾，厦门在吸引投资方面有着突出的优势。而且因为是优良港口，国际贸易也非常发达。不过，更重要的是，作为经济特区和侨乡，像以爱国为核心的“陈嘉庚精神”、以坚强不屈为特征的老一辈移山填海的“海堤精神”等，都是厦门长远发展的基因。

海南是我国第五个经济特区，也是最大的一个经济特区，从一开始，就受到普遍关注。因为独特的位置和环境，具有得天独厚的发展潜力和优势。中央先后出台政策，支持海南建设国际旅游区、设立自由贸易试验区。当前，海南的开发建设进入一个前所未有的新时期。为弥补人才短缺的瓶颈，海南省出台吸引人才的优惠政策，落实“十万人才下海南”的措施。相信海南的腾飞，指日可待。

2010 年 5 月，中央正式批准设立位于新疆的喀什经济特区和霍尔果斯经济特区。它们的兴起得益于“一带一路”的大背景。海洋可以带来经济的繁荣，大陆同样可以。就拿喀什来说，因为毗邻四个国家，区位优势非常明显，这是开展贸易的显著优势。加之喀什是历史文化名城，旅游业非常发达。霍尔果斯经济特区虽然比较小，也没有喀什那么大名气，可它是中哈贸易的重要站点，所以，战略位置不能忽略。更何况它毗邻北疆，对新疆的整体发展，有非常重要的意义。

9. 智慧浦东 · 创见世界

“宁要浦西一间房，不要浦东一张床”，这是从前流传在上海的说法。现在的浦东——陆家嘴、东方明珠、杨浦大桥……一片繁荣景象。

1990 年 4 月 18 日，党中央、国务院宣布开发开放上海浦东。自实行开发开放政策以来，因改革开放而生、因改革开放而兴的浦东，经济社会持续快速发展，成为“中国改革开放的象征”和“上海现代化建设的缩影”。

2005 年 6 月 21 日，国务院批准浦东进行全国首个综合配套改革试点。2013 年 9 月 29 日，中国（上海）自由贸易试验区挂牌成立。按照国务院批准的总体方案，着力推进投资、贸易、金融创新、事中事后监管等领域的制度创新。自贸试验区建设以来，累计总结了 100 多项制度创新成果，分领域、分层次在全国进行复制推广。

2013年1月29日，浦东入选中华人民共和国住房和城乡建设部第一批国家智慧城市试点名单。2018年10月22日，入选2018年全国农村一二三产业融合发展先导区创建名单。2019年6月25日，上海市人民政府加大放权力度，浦东新区被赋予市场经济管理权限。

▲ 上海浦东新区

新思想引领新时代，新目标开启新征程。浦东将坚持稳中求进的工作总基调，坚持新发展理念，按照高质量发展的要求，统筹推进“五位一体”总体布局和协调推进“四个全面”战略布局，全力做好稳增长、促改革、调结构、惠民生等各项工作，努力把浦东建设成为上海服务、上海制造、上海购物、上海文化品牌的核心承载区，勇当新时代全国改革开放、创新发展的标杆。

延伸阅读：引领者

浦东新区的成立，开了一个好头。此后，一个又一个国家级新区纷纷组建。它们是一个个龙头、一个个发动机、一个个先行示范区。

继上海之后，天津滨海新区是又一个国家级新区。改革开放以来，东西差距日渐缩小，但南北经济差距却有拉大的趋势。滨海新区的成立，势必会为北方经济的发展注入强大的活力。

此外，还有珠海的横琴新区，这是一个岛屿式的新区。此前这里一直属于边防禁区，新区成立后，这里变得生机勃勃。尤其是因为毗邻澳门，彼此的往来非常密切。舟山群岛新区也是一个国家级新区，它的发展目标是成为新加坡和香港那样的一流港口城市。

另外属于东部地区的新区有南沙新区。作为南海的一个重要基地，南沙的战略地位是不言而喻的。中国设立南沙新区，既是为了巩固国防，同时也是为了深度开发南海。

青岛西海岸新区最大的特点就是加快军民融合，创造经济发展的新模式。还有江苏的江北新区、福建的福州新区，以及位于大连的金普新区，这是东北三省的第一个国家级新区，也是振兴东北老工业基地的一个重要机遇。此后，东北地区又新添了长春新区和哈尔滨新区。

国家在东部沿海布局新区的同时，也把目光转向西部。重庆的两江新区是我国第三个，也是西部第一个国家级新区，主要以科技创新为特色，力求成为长江上游新的增长带。兰州新区是西部第二个国家级新区，它的崛起得益于“一带一路”倡议的实施。同为西部国家级新区的还有陕西的西咸新区，这是关中大地上的又一项伟大事业。在四川的天府新区，电子信息、汽车制造、新能源、新材料以及生物医药，是其重点打造的特色。贵州的贵安新区，重点打造的是大数据产业。另一个就是位于云南的滇中新区，打造中国挺进南亚以及东南亚的桥头堡。

当然，国家在中部地区也设置了新区，最著名的是雄安新区。2017 年，雄安新区被正式确立为国家级新区。这注定是一个不平凡的新区，它不仅承担着中部崛起的重任，更承担着北京非首都功能疏解，推动京、津、冀协同发展的重任。目前，各项工作正在有序进行，相信不久的将来，会耀眼全球。此外，湖南有湘江新区，江西有赣江新区。

10. “一国两制”，促进祖国统一

“一国两制”即“一个国家，两种制度”的简称。“一国两制”指的是在中华人民共和国境内，大陆、内地实行社会主义制度，回归祖国的香港、澳门和将来统一后的台湾，由于特殊的历史原因和当前的实际情况，仍实行原来的制度。这是中国共产党为妥善解决祖国大陆和台湾和平统一问题以及在香港、澳门恢复行使中国主权而制定的基本国策。即在中华人民共和国内，大陆坚持社会主义制度作为整个国家的政体，同时允许台湾、香港、澳门保留资本主义制度。

▲ 香港回归政权交接仪式

1997 年 7 月 1 日，英国结束对香港的殖民统治，香港回归祖国，中华人民共和国政府对香港恢复行使主权，中华人民共和国香港特别行政区成立。

英国对香港的殖民统治，是在第一次鸦片战争之后。当时清政府战败，于 1842 年 8 月 29 日与英国签订《南京条约》，将香港岛及鸭脷洲割让给英国。1860 年 10 月，第二次鸦片战争清政府再次战败，被迫签订《北京条约》，将九龙半岛（时称九龙司地方一区）界限街以南及昂船洲交给英国管治。1898 年，清政府与英国签订《展拓香港界址专条》，将深圳河以南、界限街以北的 230 个大小岛屿总计 975.1 平方公里的土地租借给英国，并将租借地称为“新界”，租期为 99 年。从 1898 年

7月1日开始，至1997年6月30日期满。英国从而占领香港全境。

1982年9月，英国政府与中华人民共和国政府开始就香港前途问题展开谈判。中英双方经过两年多达22轮的谈判，最终在1984年12月19日正式签署了《中英联合声明》，决定从1997年7月1日起，英国政府将香港的主权交还给中国。中国在香港成立特别行政区，开始对香港岛、界限街以南的九龙半岛、新界等土地重新行使主权和治权。

▲ 澳门回归政权交接仪式

1999年12月20日，澳门回归，中国政府恢复对澳门行使主权，中华人民共和国澳门特别行政区成立，葡萄牙共和国结束对澳门的统治。

葡萄牙开始对澳门的殖民统治，是在1553年（明嘉靖三十二年）。当时葡萄牙人托言商船被风浪冲击裂缝，货船潮湿，要求借地晾晒，于是贿赂地方官吏汪柏，取得了停靠澳门码头进行贸易的权利，于1557年正式在澳门定居。1582年（明万历十年），中葡订立澳门借地协约。在澳门的葡萄牙人每年向香山县缴纳地租500两白银。1840年鸦片战争，清政府战败。葡萄牙借机于1849年后相继占领了澳门半岛、氹仔岛和路环岛。1874年（清同治十三年）葡萄牙人闯入香山筑新关闸，擅自以此为澳门之界。1887年12月，清政府与葡萄牙签订《中葡友好通商条约》，确认葡萄牙可长驻并管理澳门。

1985年5月，葡萄牙总统埃亚内斯应邀访问中国，同中国政府就解决澳门问题进行友好磋商。双方认为解决澳门问题时机已经成熟。访问结束后发表联合公报，双方决定将就澳门问题于 1986 年上半年在北京进行谈判。1986 年 6 月，中葡在北京就澳门问题举行首轮会谈。1987 年 4 月 13 日，中葡两国政府签订了《中华人民共和国政府和葡萄牙共和国政府关于澳门问题的联合声明》，宣布澳门地区是中国的领土，中华人民共和国于 1999 年 12 月 20 日对澳门恢复行使主权。

延伸阅读：两岸统一是历史大势

台湾诗人余光中的一首《乡愁》，激起了多少游子对家乡的无限眷恋，触动了千千万万人深埋于心底的情愫。

1972 年，他在诗歌的第四段中这样写道：“而现在，乡愁是一湾浅浅的海峡，我在这头，大陆在那头。”道出了诗人 20 多年没有回过家乡的忧伤和无奈。2011 年，他在故乡福建泉州有感而发，为《乡愁》续写了第五段：“而未来，乡愁是一道长长的桥梁，你来这头，我去那头。”生动展现了大陆和台湾密切交流、频繁往来的景象，以此表达诗人对实现两岸统一的信心和期待。

海水悠悠、情思绵绵，台湾和大陆已经分隔 70 年，但冲破对峙隔阂、推动交流合作的努力从未停止。从发表《告台湾同胞书》到形成坚持“一国两制”和推进祖国统一的基本方略，从达成“九二共识”到实现两岸领导人的历史性会晤，从打破两岸隔绝状态到实现全面直接双向“三通”，从把台湾当局逐出联合国到坚决挫败各种“台独”图谋，两岸关系不断取得历史性突破。

站在新的历史起点上审视两岸关系，如在高山之巅望大江东去，历史潮流浩浩荡荡，祖国统一势不可挡。习近平总书记在全国人大常委会《告台湾同胞书》发表 40 周年纪念会上的重要讲话中，深入阐释了我国立足新时代、推进祖国和平统一的重大政策主张，集中展示了解决台湾问题的政治智慧和历史担当。从习近平总书记掷地有声、铿锵有力的话语中，我们深深感到，民族复兴、国家统一是大势所趋、大义所在、民心所向。

和平统一系于民族复兴。两岸迄今尚未完全统一是历史留给中华民族的创伤，“台湾问题因民族弱乱而产生，必将随着民族复兴而终结”。随着中华民族伟大复兴脚步的不断前进，必将创造更加充分的经济、政治、文化等各方面条件，累积起实现祖国统一的磅礴力量。民族复兴路上，台湾同胞定然不会缺席，与大陆同胞共担民族大义，勠力同心共圆中华民族伟大复兴的中国梦。

和平统一成于融合发展。在历史前进的洪流中，大陆和台湾命运与共、利益相连，必须和衷共济、风雨同舟。展望未来，实现统一大业，最为关键的是两岸同胞心灵相通、协商沟通、发展联通。特别是要按照习近平总书记“应通尽通”的要求，促进“四通”“三化”，率先实现金门、马祖同福建沿海地区通水、通电、通气、通桥，推动同台湾同胞分享大陆的发展机遇，为台湾同胞、台湾企业提供同等待遇，增进台湾同胞的民生福祉。

和平统一利于遏制逆流。习近平总书记用“两个无法改变”“两个无法阻挡”向世人坚定表明：台湾回归祖国，犹如江河汇入大海，是不可抗拒的历史潮流。“台独”是历史逆流，在统一历史大势面前，无异于螳臂当车、蚍蜉撼树，最终都会被历史的车轮碾压得粉碎。中国人不打中国人，我们愿意以最大诚意、尽最大努力争取和平统一的前景，但不承诺放弃使用武力，保留采取一切必要措施的选项，针对的是外部势力干涉和极少数“台独”分裂分子及其分裂活动，绝非针对台湾同胞。

历史不能选择，现在可以把握，未来可以开创。面向未来，我们有理由相信，互信总能解开心结，交融总能化解隔阂，和平总能战胜争斗，两岸必将共同迎来祖国统一的光明前景，迎来中华民族伟大复兴的美好未来。

11. 邓小平视察南方

在中国改革开放历史上，邓小平到南方视察是一件大事。邓小平同志担任党和国家领导人期间，曾多次视察南方，但最重要的是 1992 年的那次视察。

这一年元旦刚过，88 岁的邓小平就开启了视察南方之旅。他先到武昌，虽然只停留了短短的 20 分钟，却提出了一个很尖锐的话题，那就是实干。改革开放不能搞形式主义，必须实打实地来，一点虚的东西都要不得。这是他对武昌改革的寄语和嘱托。离开武昌后，邓小平又赶到了深圳。

那时，尽管改革开放十多年了，可是质疑的声音从未消失。尤其是苏联解体、东欧剧变没多久，所以，一路上，邓小平的心情很沉重。他改革的决心坚如磐石，在国贸中心，他说：中国不改革开放，就得不到人民的拥护，就只有死路一条。

1 月 22 日下午，邓小平再次谈道：“改革开放一开始就有争论，我说不争论，一争论，时间就浪费掉了。要胆子大一点，不要怕，要敢闯。”他是主张允许试错和大胆改革的。所以他说：“什么证券啊股票啊之类的，可以先试试，试对了，干；试错了，也不要怕，可以改正嘛。”到深圳之后，邓小平又去了珠海。在珠海，邓小平说：“谁反对改革，就让他睡觉去。”

这次视察南方，邓小平解决了很多改革中的思想认识问题，不仅对社会主义的本质给出了回答，而且提出了“三个有利于”：是否有利于发展社会主义社会的生产力、是否有利于增强社会主义国家的综合国力、是否有利于提高人民的生活水平。这为改革开放的实施提供了原则指导。至此，改革开放得到更多人的拥护和支持。

12. 抗洪救灾精神

1998 年夏，我国江南、华南大部分地区及北方局部地区普降大暴雨到特大暴雨。长江干流及鄱阳湖、洞庭湖水系、珠江、闽江和嫩江、松花江等江河相继发生了有史以来的特大洪水。受灾人数之众、地域之广、历时之长，世所罕见。在党中央和国务院的英明领导和决策下，数百万军民众志成城，奋起抗洪。一方有难，八方支援，中华儿女用钢铁般的意志和大无畏的英雄气概，谱写了一曲又一曲气吞山河的抗洪壮歌。

▲ 抗洪救灾

汛情牵动中南海，中央领导亲临一线指挥；党心紧系军心民心，党中央密切关注着灾情发展趋势和抗灾进展，时刻牵挂着受灾群众和抢险军民，各级党组织充分发挥了党的领导核心作用；洪水无情人有情，全国人民情系灾区，一列列火车、一架架飞机、一队队汽车满载着物资，满载着各地群众的深情厚谊，从各个方向往灾区集结。

为了战胜这场特大自然灾害，解放军和武警部队共投入兵力36万多人，地方党委和政府组织调动了800多万干部群众参加抗洪抢险；加上为抗洪抢险提供直接服务的各部门、各地区、各系统的力量，总数达上亿人参加了抗洪抢险；而其他以不同的方式关心、支持抗洪抢险的人更是难以计数。在这场伟大的抗洪抢险斗争中，形成了万众一心、众志成城、不怕困难、顽强拼搏、坚韧不拔的抗洪精神，这是无比珍贵的精神财富。

“九八抗洪精神”的实质是，以公而忘私、舍生忘死的共产主义精神为灵魂，以人民利益、国家利益、全局利益至上的大局意识为核心，以团结一致、齐心协力、“一方有难，八方支援”的社会主义大协作精神为纽带，以不怕困难、不畏艰险的革命英雄主义精神为旗帜，以自强不息、贵公重义、艰苦奋斗、同舟共济、坚韧不拔、自尊自励等传统美德为传承，永远发扬光大。

“九八抗洪精神”产生于这一次抗洪抢险中，但它根植于我们改造自然和社会的伟大实践中，根植于我们社会制度的优越性、我们事业的正义性，根植于我们党、政府和军队全心全意为人民服务的宗旨中。在这个意义上，“九八抗洪精神”也就成为推动我们整个事业的精神动力，是我们的党魂、军魂和国魂的一种生动体现。

13. 抗疫精神

2020年初发生的新冠肺炎疫情，是中华人民共和国成立以来在我国发生的传播速度最快、传染范围最广、防控难度最大的一次重大突发公共卫生事件。面对突如其来的疫情，中共中央高度重视，坚持把人民生命安全和身体健康放在第一位，统筹全局、沉着应对，果断采取一系列防控和救治举措，取得了令世界瞩目的成果。在这场艰苦卓绝的人民战争中，孕育了伟大的“抗疫精神”，它既为打赢这场总体战、阻击战注入了强大动力，又必定以它的深刻内涵而载入中华民族的发展史册。

首先是万众一心、同舟共济的守望相助精神。“一方有难、八方支援”和集中力量办大事，一直以来是我们的独特优势。面对疫情，以习近平同志为核心的党中央统一指挥、统一部署、统一调度，举全国之力，组织调派330多支医疗队、4万多名军地医护人员紧急驰援；组织26个省份对口支援，19个省市采取“一省包一市”方式，将大量医疗设备、人员、物资向湖北倾斜。各省区市步调一致、统一行动，相继启动重大突发公共卫生事件一级响应，及时构建联防联控、群防群控体系，打造了一张严防死守的天罗地网，形成了全面动员、全面部署、全面加强的防控局面。这种举国体制下的同仇敌忾、共克时艰，上下一心、众志成城令世人动容。

其次是闻令而动、雷厉风行的英勇战斗精神。严峻的疫情使很多地方一时进入战时状态。这种状态需要有非常举措、超常规做法。火神山、雷神山医院仅用不到10天时间就奇迹般建成，并开始集中收治患者，完成了看似不可能完成的任务；具有战地色彩的十余家方舱医院迅速开设，实现了从未有过的一种新创举。一声号令，迅速集结，毫无怨言、毫不犹豫，这种作风、姿态和速度让世人惊叹。

三是顾全大局、壮士断腕的“一盘棋”精神。中央确定“内防扩散、外防输入”的战略策略，堵住传染源、切断传播链至关重要。为顾全大局，一座千万级别人口的武汉市被“封城”，湖北省对人员外流实施全面严格管控。这一需要巨大政治勇气的决断，展现了极大的自我牺牲精神。局部的奉献是为了全局的安稳，这是一种代价，也是走好“这盘大棋”的关键一招。为了疫情防控大局，14亿中国人民行动起来，“宅”在家里，以一种特别方式默默地支持这场“人民战争”。

四是舍生忘死的英雄主义精神。“沧海横流，方显英雄本色。”当病毒“魔鬼”袭来，一个个白衣天使、科技人员、解放军将士、党员干部迎难而上，同时间赛跑，与病魔较量，逆行而上的背影成了抗疫前线最美的风景。这一群群和平年代的战士们，一不怕苦、二不怕死，以救死扶伤、医者仁心的职业操守，冲锋陷阵、义无反顾。有的身患绝症，却不下火线；有的倒下了，战友、同事抹去眼泪接着上；有的家人感染或病了，也无暇顾及；有的推迟婚期上“战场”；有的单车骑行找“部队”；有的夫妻双双上阵；等等。他们誓死不退，不胜不休，以一种压倒一切困难而不被困难压倒的大无畏精神战斗在抗疫一线。

五是充满信心、敢于胜利的积极乐观精神。疫情爆发时，人们难免惊慌、恐惧、焦虑和担忧。然而，党始终是中流砥柱，党的坚强领导一直是定海神针，制度优势日益彰显，还有那一面面高扬的党旗、一个个救死扶伤的“勇敢的人”，他们是主心骨、定心丸和保护神。随着防控有力、有序、有效地向前推进，人们心里越来越有底了，“有信心有能力有把握”打赢这场人民战争成了社会心理主流。人们学会了在方舱医院跳广场舞、练太极，躺在病床上竖大拇指鼓劲加油，等等。武汉必胜，湖北必胜，中国必胜！这是响彻华夏大地的铿锵心声，亿万人民怀着必胜的信心，向着胜利进军。

人是要有点精神的，一个民族更是要有一种精神力量。回望历史，总有一种精神，经万种磨难而历久弥坚。“抗疫精神”是中华民族精神的缩影，它可歌可泣、可圈可点，也无坚不摧、无往不胜。

14. 跨越，向着世界一流军队目标迈进

歼-20、歼-10C呼啸苍穹，红旗-23、东风-31AG剑阵猎猎，近半数新型国产武器装备首度亮相，这是建军90周年阅兵的盛况。一位参加过中华人民共和国开国大典阅兵的老兵目睹此情此景，禁不住热泪盈眶："当年阅兵，我们扛的是式样各异的外国步枪，骡马拉的是口径不一的外国大炮，仅有的几架飞机也都是外国造的……"两次大阅兵，气象大不同。从"万国牌"到"国字号"，折射的不仅是我军建设发展的巨大成就，也见证了人民军队迈向现代化的壮美征程。

▲ 中国航空母舰

"大鹏一日同风起，扶摇直上九万里"。党的十九大报告提出，我军到2020年要基本实现机械化，信息化建设取得重大进展，战略能力有大的提升，力争到2035年基本实现国防和军队现代化，到21世纪中叶把人民军队全面建设成世界一流军队。这一战略安排，清晰描绘了全面推进国防和军队现代化的宏伟蓝图，必将引领我军开启强军兴军新征程，大踏步朝着世界一流军队目标跨越。

把国防和军队现代化作为国家现代化的战略目标一体推

进，是我们党一以贯之的治国方略。

纵观世界历史上的大国兴衰，崛起的国家背后总是挺立着一支强大的军队。

时间是一艘驶向未来的航船，第一个百年近在眼前，第二个百年只争朝夕，我国正朝着建设世界一流军队目标渐行渐近。一流军队没有一成不变的标准，而是一个综合的、动态的、比较的概念。从要素上看是政治、打仗、作风整体重塑“全面的强”；从纵向上看是加快转型发展“跨越的强”；从横向上看是比肩竞争、走在前列“超越的强”。我们所说的建设世界一流人民军队，就地位作用和能力要求而言，主要具备以下三大特征。

同我国强国地位相称。党的十九大报告提出，到 21 世纪中叶，我国将建成富强、民主、文明、和谐、美丽的社会主义现代化强国。强国不是抽象的，而是包括政治、经济、军事、文化、社会、生态等在内的综合国力的集成。美国之所以能称霸全球，靠的就是美军和美元。这告诉我们，建设世界一流军队是建设社会主义现代化强国的应有之义。只有拥有世界一流的军队，才称得上是真正的世界强国。我们坚信，当我国建成世界强国之时，我军也必将成为一支听党指挥、能打胜仗、作风优良的强大的人民军队，成为巩固我国强国地位、支撑民族复兴伟业的坚实依托。

能够全面有效维护国家安全。军队是为打仗而存在的，军队的任务就是要应对各种威胁和挑战，有效维护国家安全。

具备强大国际影响力。我们要建成世界一流军队，就要敢于走到世界舞台中央，努力成为世界军事发展潮流的引领者。

宏伟蓝图已经绘就，新的征程已经开启。只要我们不忘初心、牢记使命、永远奋斗，一代接着一代干，建设世界一流军队的伟大目标一定能够实现，人民军队一定能够从胜利走向新的胜利。

延伸阅读：中华人民共和国成立70周年国庆大阅兵

强国必须强军，军强才能国安。2019年10月1日上午，庆祝中华人民共和国成立70周年阅兵仪式成功举行。国产武器装备亮相。天安门前这条阅兵路，见证了中华人民共和国的成长和人民军队的发展壮大。此次大阅兵规模之大、参阅方队之多、新亮相的武器之全，均创造了历史纪录。

▲ 中华人民共和国成立70周年国庆大阅兵

（1）各型飞机160余架、装备580台（套）亮相阅兵场，历史上规模最大；40多型、300多台（套）装备首次参阅，首次亮相的新型武器装备比重较高。每个“首次”都折射出中华人民共和国成立70年来国防和军队建设的发展变化。

这些装备既有陆上攻坚的新锐，也有反恐作战的火力网与无人作战的黑科技，作战要素一应俱全、作战空间无所不含，是全面实施科技兴军战略成果的一次集中大展示。

此次参阅的武器装备涵盖了诸军兵种的主战装备，集中反映了国防科技自主创新70年的建设成就，展示了现役国产主战装备的现代化水平。参阅武器装备数量之多、规模之大、类型之全都创造了历史之最。

（2）空中作战要素较之历次阅兵最全。绚丽明艳的彩虹带成为空中的“吸睛”亮点，这是九机“箭队”拉烟带给人们的视觉盛宴。

空中梯队由陆海空28个旅团级单位抽组而成，编成12个梯队，通过天安门。空中梯队新型装备多，受阅机型突出国产化。

此次受阅空中作战要素较之以往最全，国产新机悉数亮相，大大增加了预警机、运输机、特种机等的数量和种类，展示了我军战略预警、战略打击、战略投送和信息支援等空天作战要素，标志着我军以空中新型精锐作战力量为主体的联合作战体系正在形成，彰显了我军维护祖国领土完整和领空安全的坚定信心和坚强决心。

（3）练兵备战导向非常鲜明。一辆辆战车披坚执锐、一件件装备昂首挺胸。装备方队按照作战模块编组受阅，既包括了传统的陆上、海上、空中等作战模块，更突出了新型作战领域。

所有装备外观根据作战地域和作战任务进行了迷彩喷涂，并进行了重新编排。多数装备均按照战斗姿态受阅，装备方队的人员均着新式迷彩服，佩戴单兵综合系统受阅，体现了练兵打仗、强军备战的精神风貌。

（4）创新编设领导指挥方队。这次阅兵编设了15个徒步方队，按照仪仗方队、领导指挥方队、陆军方队、海军方队、空军方队、火箭军方队、战略支援部队方队、联勤保障部队方队等的顺序排列。

（5）维和部队方队首次亮相。红色臂章、蓝色贝雷帽、新式迷彩战斗服，徒步方队中压轴出场的维和部队方队让人眼前一亮。

这是我军阅兵历史上首次以海外维和力量为主组建的方队，是在分列式中与仪仗方队首尾呼应、压轴出场的方队，也是15个徒步方队中唯一一个迷彩着装接受检阅的方队。

我国是联合国安全理事会常任理事国中派出维和兵力最多的国家，是联合国维和行动第二大出资国。一批批走出国门的“中国蓝盔”，把忠诚举过头顶，把使命扛在肩头，用实际行动践行着“忠实履行使命，维护世界和平”的铮铮誓言。

（6）将军参与阅兵。排山倒海般的徒步方队中，将军领队走在各个方队的前列，步伐铿锵有力，目光坚毅果敢；铁流滚滚的装备方队里，每一位将军都傲然挺立于铁甲之上，气势如虹，锐不可当。这体现了以上率下、听党指挥、领兵打仗的风采。

15.“坐地日行八万里”——互联网连接你我

中国最早使用电子邮件是30多年前。1986年8月25日，中国科学院高能物理研究所的吴为民研究员首次用电子邮件与欧洲核子中心CERN沟通，并成功实现了研究数据的大规模交换。1987年9月20日，王运丰教授和李澄炯博士在北京中国兵器工业计算机应用技术研究所建成了一个电子邮件节点，并向德国成功发出了“越过长城，走向世界”的电子邮件。这些邮件的联系，改变了中国计算机发展的国际形象，也拉开了中国互联网发展的序幕。伴随着中国综合国力的日益增强，如今中国互联网已经在几次浪潮中蓬勃发展，渗透到了人们生活的方方面面，发展速度更是令世界刮目相看。

传统互联网：游戏、电商新经济迸发。1994年4月20日，中国首次开通64K国际专线，实现了与互联网的全功能连接，被国际上正式承认为第77个拥有全功能互联网的国家。随后，中国电信开通了北京、上海两个接入Internet的节点，中国传统互联网也在这一时间开始迅速发展。

对于中国网民而言，互联网的到来像是一场没有预告的风暴，很快就将他们的生活搅动得翻天覆地。而在这样一个蛮荒状态下，门户网站争先上线，新浪、网易、搜狐成为当时的三大门户网站，并在2000年纷纷上市。

移动互联网：生活场景实现全覆盖。在中国移动互联网发展的初级阶段，中国移动推出“移动梦网计划”。两年后，中国电信在广州启动“互联星空计划”。尽管这个阶段的产品仅有文字信息、图案和铃声，但同样意味着中国移动互联网的萌芽。

紧接着，UCWEB、空中网、3G门户等一大批基于梦网的SP服务提供商陆续上线，看新闻、读小说、听音乐等丰富的内容开始出现。与此同时，如手机QQ、手机搜索等功能性应用也开始涌现，移动互联网开始在人们生活中扮演着日益重要的角色。

从传统的通信社交、购物、游戏，到外卖、打车、租车，再到租房、订酒店等，人们的衣食住行发生了巨大变革，有了全新的选择方式和交易方式。

工业互联网：助力产业升级实现智能制造。除了传统互联网与移动互联网的蓬勃发展以外，中国工业互联网也处在不断推动和建设的阶段。第一次、第二次和第三次工业革命，是以技术驱动工业产业的变革。而第四次工业革命则因为科技的发展，发生了翻天覆地的变化。可以说，数字化、网络化和智能化现已成为第四次工业革命重要的特征和基石，同时它也是工业互联网的内涵和发展引擎。

事实上，工业互联网是全要素、全产业链、全价值链的全面连接，是人、机、物的有效连接，它将带动企业，特别是制造业企业的发展。

现在，建设工业互联网的浪潮席卷全球，各主要工业国家纷纷投入新工业革命的竞争当中。工业互联网是国民经济高质量发展的重要引擎，是工业革命重要的新型基础设施，是制造业转型升级的重要抓手。

延伸阅读：超级计算机与中国5G发展引领全球

中国在超级计算机方面发展迅速，跃升至国际先进水平。中国是第一个以发展中国家的身份制造了超级计算机的国家。1983年研制出第一台超级计算机银河一号，使中国成为继美国、日本之后第三个能独立设计和研制超级计算机的国家。中国以国产微处理器为基础制造出本国第一台超级计算机，名为“神威蓝光”，在2016年6月TOP500组织发布的最新一期世界超级计算机500强榜单中，神威·太湖之光超级计算机和天河二号超级计算机位居前两位。

中华人民共和国成立70年来，中国移动通信技术在经历了“1G空白、2G跟随、3G突破、4G并跑”的不断努力后，实现了在5G时代并跑、领跑的重大转变。

5G在物联网、无人驾驶、虚拟现实等主要情境以及智能制造、智慧农业、智慧出行、智慧安防、智能电网、智能家居、智慧医疗、智慧城市、文化娱乐等领域都拥有巨大的应用空间。

数据显示，中国5G专利申请数量位居全球第一。其中，华为在5G专利的排名中位列全球第一，中兴通讯则位列全球第三。根据德国专利数据公司IPlytics分析统计，截至2019年3月，中国厂商已申请的全球主要5G标准专利数量占比为

34%，远远高于韩国的25%以及美国和芬兰的各14%。

在移动终端方面，国内的华为、OPPO、vivo、小米等手机品牌无论是出货量还是价位，均与苹果、三星等国外品牌并驾齐驱，并于2019年推出多款支持5G的手机新产品。可以说，中国企业已经进入世界5G通信技术的第一梯队。

16. 高速公路贯通的神州大地

提起路的变化，恐怕谁都能列举出一大串：京沪高速公路和京珠高速公路，像两条主动脉把神州大地经济最活跃的地区联系在一起；西南出海大通道，为西南少数民族地区走出大山、脱贫致富创造了条件；在茫茫雪域高原上，青藏公路和川藏公路承担着入藏人流、物流的运输；在世界第二大沙漠塔克拉玛干沙漠的腹地，一条1000多公里的沙漠公路顽强地与流沙为伴；川主寺至九寨沟公路，第一次实现了公路建设与当地自然风光相协调，最大限度地减少对生态环境的破坏；农村公路的示范工程——遂潼县际公路，探索出在人多地少、经济相对落后的地区农村公路建设的模式和管理机制，最大限度地发挥了县际公路对沿线经济的辐射和带动作用……

“要想富，先修路”，老百姓总结出来的这句至理名言，正是中华人民共和国成立70年来公路建设的出发点。70年来，我国公路建设取得了飞速发展。

中国高速公路建设起步于1984年，最早开工的是沈大高速公路，最早完工的是沪嘉高速公路。

1984年6月27日，沈阳至大连高速公路动工，为中国内地第一条开工兴建的高速公路，先于中国首条规划的京津塘高速公路。1988年10月31日，沪嘉高速公路建成通车，为中国内地首条投入使用的高速公路。

2004年12月17日，国务院讨论通过《国家高速公路网规划》，于次年1月13日公布“7918”工程。

2013年6月20日，中华人民共和国国新办发布《国家公路网规划（2013—2030年）》，国家高速公路网改为“71118”工程（即7条首都放射线、11条南北纵线、18条东西横线）。11月21日，中国首条重载高速公路内蒙古准兴高速公路建成通车，全长265公里，可承载100吨重货车，设计每年货运量1.5亿吨。

▲ 高速公路

截至2019年2月，中国高速公路总里程已达14万公里，位居全球第一。

延伸阅读：“世界第一”港珠澳大桥

港珠澳大桥是中国境内一座连接香港、广东珠海和澳门的桥隧工程，位于中国广东省珠江口伶仃洋区域内，为珠江三角洲地区环线高速公路南环段。

港珠澳大桥于2009年12月15日动工，2017年7月7日实现主体工程全线贯通，2018年2月6日完成主体工程验收，同年10月24日上午9时开通运营。

港珠澳大桥东起香港国际机场附近的香港口岸人工岛，向西横跨南海伶仃洋后连接珠海和澳门人工岛，止于珠海洪湾立交；桥隧全长55公里，其中主桥29.6公里，香港口岸至珠澳口岸41.6公里；桥面为双向六车道高速公路，设计速度100公里/小时；工程项目总投资额1269亿元。

2018年12月1日起，首批粤澳非营运小汽车可免加签通行港珠澳大桥跨境段。

▲ 港珠澳大桥

港珠澳大桥因其超大的建筑规模、空前的施工难度以及顶尖的建造技术而闻名世界。它是世界上最长的跨海大桥：总长度是48.3公里。

港珠澳大桥建设创下多项世界之最，体现了一个国家经济和科技的发展水平，体现了我国综合国力、自主创新能力的水平，体现了勇创世界一流的民族志气。这是一座圆梦桥、同心桥、自信桥、复兴桥。

爱国从来不是空洞的口号，而是奋斗的行动。谈起这个“世界级工程”，项目总工程师林鸣感慨万千。海底沉管隧道的对接是大桥施工中最难的部分，他形象地说：“把33节沉管装上去对接好，就像33次考上清华，甚至更难。”林鸣曾向荷兰一家公司求助，但对方开出了15亿元的天价咨询费。不仅如此，外国专家还说：“我送你们一首‘祈祷歌’吧。”中国建设者们当即决定：我们自己干！大家奋发图强、攻坚克难，其间虽然经历多次失败，但终于解决了这个世界级的难题，仅申请专利就接近 500 项。港珠澳大桥的建成，生动诠释了新时代中国人逢山开路、遇水架桥的奋斗精神，这也是中华民族傲然挺立于世界东方的力量源泉。

17. 树起世界高铁新标杆

中国是世界上高速铁路发展速度最快、运营里程最长、在建规模最大的国家，拥有世界上最现代化的铁路网和最发达的高铁网。京沪高铁建设里程长、投资大、标准高，在中国高速铁路建设史上具有里程碑的意义。以京沪高速铁路工程项目为代表的中国高速铁路，已经成为中国铁路技术高端的亮丽名片。首对“复兴号”在京沪高铁上线成功开行，向世界展示了快速发展的中国高铁的新技术、新成果，展现出享誉世界的中国速度、中国创造、中国方案。习近平总书记点赞：“复兴号高速列车迈出从追赶到领跑的关键一步。”

▲ 中国高铁

京沪高铁，一路走来，成绩斐然，贡献巨大。全长 1318 公里、设置 24 个车站的京沪高铁，重塑了京沪交通经济带，提高了沿线地区经济活动效率，改善了沿线地区的投资环境，促进了沿线地区产业结构的优化升级，为完善综合交通体系和绿色发展做出了重要贡献。在民生服务方面，京沪高铁“大运量、高密度、公交化”的运输组织模式，加速了人员流动，拓展了工作生活圈，实现了“一城居住，两城生活”的全新生活方式。在高铁技术品牌创新方面，具有完全自主知识产权的中国标准动车组“复兴号”，在京沪高铁上线成功开行，标志着我国铁路成套技术装备特别是高速动车组已经走在世界先进行列。

站在新的历史起点上，我国高铁青春焕发、追梦前行、续写新篇。我国高铁将继续奔驰在新时代复兴强国的路上，引领中国高铁走向世界。

延伸阅读：戈壁中的天路——格库铁路

全长约1214.6公里的格库铁路是中国通往西亚、地中海和黑海地区的陆路运输大通道，对完善我国西部地区尤其是青海和新疆两省区的铁路网结构，进一步推动丝绸之路经济带战略和青海、新疆两省区经济社会发展，促进沿线地区经贸往来和资源开发，加强民族地区团结和巩固国防安全等，具有重要意义。

格库铁路沿途分布着大量石油、有色金属矿产等资源，具有极高的战略和国防意义，将促进西部能源、矿产资源的共享和流通，有利于进一步完善我国内陆至边疆、中亚、地中海等地区的陆路运输通道。

格库铁路是中国又一条入疆大动脉，是连接青海、新疆两省区——南疆地区与内地的一条便捷铁路通道，同时也是西部地区重要的铁路网干线和新疆“四纵四横”铁路主骨架之一。格库铁路建成后，格尔木到库尔勒由原先乘坐汽车班车26小时缩短至火车客车12小时。全线分布车站36座，穿越最高海拔6161米的阿尔金山，2019年底开通。

四通八达的铁路巨网形成我国经济的强大磁场，是推动国民经济增长的不可或缺的重要一环。这是无数代铁路人为之奋斗所呈现的风采，也是铁路系统高质量发展的印记。

18. 南水北调，首都人民也能“共饮长江水”

建国70年来，我国相继开展了对淮河、海河、黄河、长江等大江大河大湖的治理。改革开放以来，党中央、国务院把水利建设摆到国民经济基础设施建设的首位，大幅度增加投入，水利工程建设步伐明显加快，三峡工程、南水北调工程、小浪底、治淮、治太等一大批重点水利工程陆续开工兴建，特别是南水北调工程举世瞩目。

▲ 南水北调穿越黄河工程

黄河、淮河、海河流域的水资源量仅占全国总量的7.2%，却供养着我国近1/3的人口。

早在1952年10月30日，毛泽东主席视察黄河时就提出“南方水多，北方水少，如有可能，借点水来也是可以的”，南水北调的宏伟设想由此诞生。

这个迄今为止世界上规模最大的调水工程，横穿长江、淮河、黄河、海河四大流域，规划最终年调水量448亿立方米，大约相当于黄河的年均水量。工程规划了东、中、西三条干线，总长度4350公里，和东北大河黑龙江差不多。已建成的东线、中线一期工程2899公里，比岭南的珠江还要长579公里。

南水北调东线布局从江苏扬州附近抽取长江水，利用京杭大运河及与其平行的河道，逐级提水北送，并连接起调蓄作用的洪泽湖、骆马湖、南四湖和东平湖，一路向北。整条线路惠及江苏、安徽、山东、河北、天津五省市。

丹江口水库，南水北调中线工程的水源地，水质连续25年稳定在国家二类以上标准。南水北调中线全程采用“自流”方式，让水自行北流，同时加大向北供水面积。要做到这一点就要对丹江口水库大坝进行加高，这项工程自2005年开始，2010年完工。南水北调中线水源公司总工程师汤元昌说，将大坝加高14.6米，工程难度不亚于“再新修丹江口大坝”。

水库大坝加高后，蓄水位从157米提高到170米，与北京形成98.8米落差，一路自流1432公里，抵达北京。

南水北调东线直接受益人口超过1亿，不仅基本解决了北方的缺水问题，更为北方经济社会发展提供了重要保障。

延伸阅读：西电东送，能源动脉架起多赢桥梁

经过70年发展，我国电网从独立、分散、弱小的小电网逐步进化为全国互联、互通、互供的统一大电网，解决了无电人口用电问题，为经济社会发展提供了不竭动力。

西电东送工程是国家新世纪四大工程之一，也是西部大开发的标志性工程。我国煤炭资源主要分布在西部和北部地区，水能资源主要集中在西南地区，东部地区能源资源匮乏、用电负荷相对集中。能源资源与电力负荷分布的不均衡决定了西电

东送的必要性。

西部地区水电、光伏、风电等资源非常丰富，西南地区是我国最大的水电基地，“五江一河”（金沙江、雅砻江、澜沧江、怒江、雅鲁藏布江、大渡河）有着丰富的水电资源。目前，四川水电开发接近50%，西藏基本上没有开发，雅鲁藏布江、澜沧江、怒江上游都还没有开发。水电资源开发减少了对火电、燃煤的依赖。因此，要建设特高压输电线路，让东部地区能享有西部优质的风电、水电、光伏资源。对西部而言，把它的资源优势转化为经济优势；对东部而言，发展经济的同时，又能使用清洁能源，保持蓝天白云。

按照国家规划，西电东送工程将形成三大通道：一是将贵州乌江、云南澜沧江和桂、滇、黔三省区交界处的南盘江、北盘江、红水河的水电资源以及黔、滇两省坑口火电厂的电能开发出来送往广东，形成南部西电东送通道。二是将三峡和金沙江干支流水电送往华东地区，形成中部西电东送通道。三是将黄河上游水电和山西、内蒙古坑口火电送往京津唐地区，形成北部西电东送通道。

概括说，西电东送就是把煤炭、水能资源丰富的西部省区的能源转化成电力资源，输送到电力紧缺的东部沿海地区。

“十五”期间，我国提出重点开发建设青藏铁路、南水北调、西气东输、西电东送四大工程，它们被称为“中国新世纪四大工程”。其中除南水北调工程外，其他三项也是西部大开发的重点工程。

我国西电东送工程输电距离之远也创造了世界之最。西电东送输电线路起始于四川西昌锦屏换流站，途经云南、重庆、湖南、湖北、浙江、安徽到达江苏，共经8个省市，东至江苏苏州换流站，线路总长2059公里。这是世界上输送电压最大、输送距离最远、输送容量最大的特高压直流工程，代表了世界直流输电技术的新高峰。

从西部的崇山峻岭到华东平原大地，输电线路穿越了很多高海拔地区。由于地质条件复杂，跨高山、越大河、过草地，施工难度可想而知。尤其是无人区工程，施工人员经历了冰雪、暴雨、泥石流等诸多自然灾害的挑战，克服了无人区交通、生活极其不便等困难，依然全力以赴，按时完成了工程建设任务。

在输电过程中，工程师们大胆创新，采用多项新型技术。在特高压理论创新、技术攻关、工程实践等方面取得了全面突破，在世界上率先掌握了特高压大容量输电系统集成、大电网运行控制等技术。我国已经成为世界首个、也是至今唯一一个成功掌握并实际运用这项尖端技术的国家。

19. 中国经济发展创造伟大奇迹

中华人民共和国是在“一穷二白”的基础上建立的，现已成为全球第二大经济体、第一大工业产品制造国、第一大货物贸易国、第一大外汇储备国。70 年砥砺奋进，中国经济社会发展创造了人类历史上前所未有的伟大奇迹。近几年，中国对世界经济增长的贡献率为 30% 左右，日益成为世界经济增长的动力之源、稳定之锚。

经济总量世界第二，综合国力大幅提升。2018 年，中国经济总量增加到 90 万亿元，占世界经济比重近 16%，人均国民总收入 9732 美元，高于中等收入国家水平。按不变价格计算，2018 年国内生产总值比 1952 年增长了 175 倍，年均增长 8.1%。

1951—2018 年，全国财政收入年均增长 12.5%，2018 年达到 183352 亿元。1952 年我国外汇储备仅有 1.08 亿美元，1978 年为 1.67 亿美元，2018 年底增加到 3.07 万亿美元，连续 13 年稳居世界第一位。

70 年来，我国城乡居民收入持续增加，2018 年全国居民人均可支配收入达到 2.8 万元，比 1978 年实际增长 24.3 倍。特别是党的十八大以来，高度关注民生和就业，城镇新增就业已经连续 6 年超过 1300 万人，2018 年末，整体就业人员增加到 7.76 亿人。到 2018 年，农村贫困发生率下降到 1.7%，对全球减贫贡献超过 70%。

生产力得到极大发展，科技进步成果举世瞩目。改革开放之后，一切以解放和发展生产力为最重要目标和衡量发展的标准，科技创新突飞猛进，取得了一个又一个举世瞩目的科技成就。多复变函数论、陆相生油理论、高温超导、中微子物理、青蒿素新治疗法、量子反常霍尔效应、纳米科技等科学突破，“两弹一星”、超级杂交水稻、高性能计算机等工程技术成果，为我国经济社会发展提供了坚强支撑，为我国成为世界大国奠定了重要基础。

党的十八大以来，科技创新作为引领发展的第一动力，载人航天、探月工程、量子科学、深海探测、超级计算、卫星导航、新材料、新能源等高技术领域都取得了重大成就。超临界燃煤发电、特高压输变电等世界领先，第三代核电“华龙一号”、掘进装备等跻身世界前列。

如今，我国已建成光纤、数字微波、卫星、移动通信、数据通信等覆盖全国、通达世界的电信网络；已建成全球规模最大的 4G 网络；5G 发展无论是标准制定还是试验进程，都走在世界前列。大数据、云计算、人工智能等新技术推动数字经济、平台经济、共享经济井喷式发展。

建立世界完备的产业体系和国民经济体系。目前我国已发展成为全世界唯一拥有联合国产业分类中的全部工业门类的国家，200 多种工业产品产量位居世界第一位。农业基础地位更加巩固，实现了由单一种植业为主的传统农业向农林牧渔业全面发展的转变，现代农业体系初步建立和完善。仅用占全球不到 10% 的耕地，解决了占全世界 20% 左右人口的吃饭问题。

建立健全世界上领先的基础设施体系。从交通运输看，我国综合交通运输网络和服务能力显著提升。2018 年末，全国铁路营运总里程达到 13.1 万公里，其中，高铁占世界高铁总里程的 2/3 以上；全国公路总里程达到 484.6 万公里，高速公路通车里程居世界之首；全国港口拥有生产用码头泊位 23919 个；定期航班航线总条数达 4945 条。

▲ 万桥飞架山冈上

此外，我国城市轨道交通线路运营里程跃居世界第一，全国乡镇和建制村通客车率分别达到 99% 和 98.02%。沿海主要港口货物吞吐量、集装箱吞吐量高居世界首位，水路国际运输航线和集装箱班轮航线往来 100 多个国家和地区的 1000 多个港口，民航定期航班航线通达港澳台地区及 65 个国家（地区）的 165 个城市。百万千瓦的火电机组、水电发电装机容量均位居全球第一。

建立健全现代金融体系，成为世界金融大国。截至 2019 年一季度末，我国金融业机构总资产为 302.71 万亿元，同比增长8%。其中：银行业机构总资产为275.82万亿元，同比增长7.7%；证券业机构总资产为7.78万亿元，同比增长9.6%；保险业机构总资产为19.11万亿元，同比增长10.9%。截至2019年5月末，我国外汇储备规模为3.1万亿美元，稳居世界第一位。

区域协调发展形成新格局新动力。经过持续奋斗，我国各区域的经济总量不断跃上新台阶，经济结构持续优化，区域发展差距不断缩小，区域发展取得了辉煌成就。

党的十八大以来，以习近平同志为核心的党中央制定了京津冀协同发展、长江经济带、粤港澳大湾区、长三角一体化等重大战略，进一步促进区域经济社会协调发展，推动形成区域发展新格局。

“一带一路”建设顺利实施，不仅开启了我国与沿线国家经贸投资合作新空间，同时，也带动中西部地区多数省份经济快速发展。

▲“一带一路”国际合作高峰论坛

京津冀协同发展硕果累累，雄安新区正高标准推进建设。长江经济带以省际协商合作为重点，合作步入新阶段。粤港澳大湾区建设、长三角一体化发展加快推进，国家级新区、国家综合配套改革试验区、自由贸易区、自由港试验区等功能平台次第开花，区域发展活力日益彰显。

对外开放成就辉煌。70年来，我国坚持独立自主，提倡互利互惠，积极与世界各国发展友好合作关系，2001年加入世贸组织，以更加积极姿态参与国际经济合作。特别是党的十八大以来，我国积极推进共建“一带一路”，得到160多个国家（地区）和国际组织的积极响应，倡导构建人类命运共同体，在全球治理体系变革中贡献了中国智慧，展现了大国担当，成为世界经济增长的重要引擎。

▲ 自由贸易港

贸易结构不断优化。1978—2018年，我国贸易伙伴已由40多个国家和地区发展到231个。自习近平总书记提出“一带一路”倡议以来的6年里，我国与“一带一路”沿线国家货物贸易总额超过6万亿美元。

中国的对外开放是“引进来”与“走出去”并重的对外开放。1979—2018年，我国累计利用外商直接投资2.03万亿美元，累计对外投资1.94万亿美元。2018年，我国非金融类对外直接投资总额为1205亿美元，比2003年增长了41.3倍。

中国提出“一带一路”倡议至今，已有132个国家和30个国际组织同中方签署“一带一路”合作文件。“一带一路”倡议成为当前国际经济发展机制的重要补充。中国发起创建亚投行，推动成立金砖国家银行、丝路基金、南南合作发展基金等国际金融机构。截至2018年底，中国共签署了17个自贸协定，涉及25个国家和地区，自贸伙伴遍及亚洲、大洋洲、美洲、欧洲和非洲。

延伸阅读：“秒懂”中国力量：一分钟展示发展奇迹

日新月异的中国，每一分每一秒都在发生巨大变化，让我们随着中国经济社会的快速发展来看看这些奇迹的发生。

一分钟，33 个新生儿诞生

一分钟，20 个新的家庭组建

一分钟，26 人走上工作岗位

一分钟，35217 名旅客出行

一分钟，移动互联网接入流量 46804G

一分钟，网上商品零售 1043 万元

一分钟，快递小哥收发 7.6 万件快递

一分钟，移动支付金额 3.79 亿元

一分钟，“蛟龙号”能下潜 50 米

一分钟，“复兴号”前进 5833 米

一分钟，“神威·太湖之光”运算 750 亿亿次

一分钟，333 万元投入研究和试验

一分钟，生产汽车 55 辆

一分钟，5288 万元货物进出口

一分钟，创造 GDP1.57 亿元

一分钟的努力，汇聚中国力量

建国 70 年的成就

源自每一分钟的积累

建成社会主义现代化强国

需要每一个人的努力

一分钟很短，在伟大的中国却能干这么多事；一分钟很长，正在腾飞的中国需要做出多大的努力，才能有今天快速发展的局面。为祖国发展加油助威，希望祖国越来越好。

20. 北京大兴国际机场，你想象不到的神奇

北京大兴国际机场，位于北京市大兴区及河北省廊坊市广阳区之间，距首都机场 67 公里；定位为大型国际航空枢纽、国家发展新动力源、支撑雄安新区及京津冀建设的综合交通枢纽。

北京大兴国际机场于 2014 年 12 月开始动工，于 2015 年 9 月全面开工，时名“北京新机场”。2018 年 9 月，机场定名为“北京大兴国际机场”。2019 年 9 月 25 日，机场正式投运。

北京大兴国际机场航站楼综合体建筑 140 万平方米，可停靠飞机的指廊展开长度超过 4000 米。机场规划四纵两横 6 条民用跑道，本期建设三纵一横四条跑道、268 个停机位。机场建成了“五纵两横”的交通网络，1 小时通达京津冀。

北京大兴国际机场工程建设难度世界少有，其航站楼是世界最大的减隔震建筑，建设了世界最大单块混凝土板。上千家施工单位、施工高峰期间 5 万余人同时作业，全过程保持了“安全生产零事故”，全面实现廉洁工程目标。

北京大兴国际机场航站楼是世界首个实现高铁下穿的航站楼，双层出发车道为世界首创，有效保证了旅客进出机场效率。机场跑道在国内首次采用“全向型”布局，在航空器地面引导、低能见度条件运行等多方面运用世界领先航行新技术，确保了运行效率和品质。机场在全球枢纽机场中首次实现了场内通用车辆 100% 新能源，是中国国内可再生能源利用率最高的机场。

预计在 2021 和 2025 年，北京大兴国际机场分别实现旅客

吞吐量4500万人次、7200万人次的建设投运目标；将与北京首都国际机场形成协调发展、适度竞争、具有国际一流竞争力的“双枢纽”机场格局，推动京津冀机场建设成为世界级机场群。

这个目前国内自动化、智能化程度最高的空港海关，将让进出境旅客体验到更简便快捷的服务。

神奇一：无感通关。

各种通关设备、查验设备调试完毕，进出境手续简化、流程更简便。出境时采用“海关＋安检，一次过检”的工作模式，出境旅客只提交一次行李、接受一次检查。而且柜台后方的新型X光机体积更小，海关关员将远程对过检行李进行电脑审图。

▲ 北京大兴国际机场

神奇二：地铁站内办理值机、托运。

航站楼北京地铁草桥站占地面积400平方米，旅客们可以直接在这里办理国内航班、国际航班的行李托运和值机手续，可以说到了草桥站就相当于到达北京大兴国际机场。

神奇三：从购票到登机，一张脸走遍机场。

东航联合华为公司、联通公司等在大兴机场正式推出最新研发的创新成果——基于5G网络的东航智慧出行集成服务系统。在北京大兴国际机场，乘坐东航航班的旅客无须再像以往那样出示身份证、二维码。旅客只需要通过人脸识别，就可以完成购票、值机、托运、安检、登机等各个出行流程。

知识链接：中国机场70年

民航运输快速发展举世瞩目。建国70年来，中国民航业实现了举世瞩目的快速发展，为国家经济建设和社会发展做出了积极贡献。

中国航空运输总周转量一直稳居世界第二。国内航线数量达到3519条；2018年共执行航班389.5万班次，是1978年的85.6倍。

航线网络逐步完善。目前，民航已基本形成以北京、上海、广州三个大型枢纽和成都、昆明、西安、乌鲁木齐等区域枢纽、门户枢纽为核心节点的轮辐式网络结构，以及枢纽之间的空中快线网络结构。

国际航空运输也取得了长足发展。中国有31家航空公司经营810条国际航线，国际旅客运输量达5544万人次。

机场数量从78个增加到235个，规模不断扩大，布局逐步完善。1978年，中国仅有78个民用运输机场，其中军民合用机场36个。经过40年的发展，目前，机场数量达235个，年旅客吞吐量1000万人次以上的机场已达33个，2000万人次以上机场20个，3000万人次以上机场11个。

目前，中国机场已经融入地方经济，成为促进经济社会发展的新动力。近年来，中国机场建设和管理理念也由最初的“重数量、争规模、求速度、轻管理”逐步转变为“重质量、求实际、争效益、重管理”。

21. 从20个故事中品读中国外交

2015年是中国特色大国外交的全面推进之年。习近平主席8次走出国门，奔波42天，遍及亚、美、欧、非四大洲，到访14个国家、21个城市，参加9次国际会议。据统计，习近平主席在这一年出访期间共发表44次演讲和7篇署名文章，其中讲述了20个小故事，这些故事如春风化雨般温暖人心，让国际社会印象深刻。

中国究竟发生了怎样的变化？它的未来又将走向何方？一直以来，这两个问题都是国际社会关注中国的焦点，也是中国外交首先要回答的问题。习近平主席不但从发展成就和政策走向上给出答案，更通过以小见大的故事让世界准确认识中国。比如，在华盛顿州政府和美国友好团体联合欢迎宴会上的演讲中，习近平主席以亲身经历讲述了20世纪60年代末插队村庄梁家河的变化，让国际社会近距离感受到自中华人民共和国成立以来，特别是改革开放以来，中国社会发展取得的巨大成就。

深化与各主要国家的关系是中国外交的重要内容。深化关系离不开过去打下的坚实基础，也就是国家间的传统深厚友谊。这是习近平主席讲述最多的故事。2015年4月，在巴基斯坦讲到了两国互相援助的故事，以及巴基斯坦军舰协助中国在也门的撤侨行动；5月，在俄罗斯讲到了毛岸英、唐铎、胡济邦等中国人在苏联卫国战争时期的故事，以及俄罗斯人民对中国人民抗日战争的支持；9月，在美国讲到了“柳林海”的远航和800多封慰问信，以及中国工人和美国太平洋铁路修建的故事；11月，在越南讲到了青蒿素与越南的故事……通过一个个生动的故事，我们看到了中国与这些国家间的友谊，更看到了巩固和深化这种友好关系的无限可能。这也正是中国倡导的构建以合作共赢为核心的新型国际关系的重要基础。

国之交在于民相亲。在习近平主席讲述的故事中，还有大量国与国人民友好交往的故事。比如，孙中山先生在英国求学的故事、旅居津巴布韦的华侨中一个名为“非爱不可”的妈妈团体的故事、中国海信电视走进南非和南非在华合资生产雪花啤酒的故事、乌克兰境内切尔诺贝利核事故灾区200名青少年赴中国疗养的故事，等等。透过这一个个跨越国界的故事，不仅能感知国与国民间交往的密切程度，也有助于以润物细无声的方式影响民心民意，从而帮助积聚更多民间共识，进而影响政府外交政策的走向。国与国交往始于人民，抓住了民心民意，就抓牢了友好的基础。

文化的力量，历久弥新。习近平主席特别强调，对于多元多彩的世界文明和文化，要秉持兼收并蓄的精神，遵守相互尊重、和平相处、包容互鉴的原则。因此，我们可以听到习近平主席在新加坡讲述当地大学生通过秦腔、兰州牛肉面、羊皮筏子等元素了解和传递中华文化的故事；在伦敦金融城讲述英国的莎士比亚和中国的汤显祖；在华盛顿讲述美国经典电影《西雅图不眠夜》，并分享自己爱读的美国文学作品和政治家传记，以及对《老人与海》的深刻印象……文化是不同国家人民相互了解的重要依托，具有跨越时空、超越国度的永恒魅力。丰富多彩的人类文明都有自己存在的价值，每个国家和民族既要珍惜和维护自己的思想文化，也要承认和尊重别国别民族的思想文化。这是国与国加深了解、深化关系的基本前提。

“独行快，众行远。”新时期中国外交展现了大国内外统筹的大格局与胸怀全球的大战略，开辟了中国大外交的新境界。习近平主席讲述的20个故事虽然只是点点滴滴，却是中国外交大格局大战略的一种生动体现，而且更能感染人、说服人。听懂了这些故事，我们就能够更深刻地理解中国外交，世界也能够更深入地了解中国。

延伸阅读：电视剧《外交风云》全景式呈现波澜壮阔的中国外交

中华人民共和国是怎样突破层层封锁完成破冰之旅走出国门登上世界舞台的，是怎样团结各方朋友先后与世界上180多个国家建交的，又是怎样与对手进行台前幕后博弈维护中华民族的主权、尊严和利益的，48集电视剧《外交风云》一一为观众揭秘。回首共和国的成长，和平来之不易，吾辈当珍惜。

《外交风云》位列“2018—2022年全国百部重点电视剧选题片名单”之首，播出后关注度、网络热度节节攀升。剧中出现的中华人民共和国第一代领导人被网友们称为中华人民共和国第一代“外交天团”，圈粉无数。《外交风云》有着厚重的历史感以及现实意义，展现了老一辈革命家治国理政的睿智，同时还驳斥了历史虚无主义。该剧以场景还原式的创作手段，把当时的政坛人物搬到荧屏之上。不仅有文献价值，也有历史高度，体现了中国外交的史实与外交思想，同时还体现了外交内核与意义。有学者指出：“外交的主题是国家，这让观众一开始就有一种‘人类命运共同体’的感受。这让我们明白，‘人类命运共同体’的思想是一直以来就有的。”

22. 共和国勋章与国家荣誉称号

共和国勋章是中华人民共和国的最高荣誉勋章，由国家主席向获得者颁授。2016年1月1日正式设立。

2019年9月17日，国家主席习近平签署主席令，授予于敏、申纪兰（女）、孙家栋、李延年、张富清、袁隆平、黄旭华、屠呦呦（女）“共和国勋章”。

国家荣誉称号是国家最高荣誉，授予在经济、社会、国防、外交、教育、科技、文化、卫生、体育等各领域各行业做出重大贡献、享有崇高声誉的杰出人士。《中华人民共和国国家勋章和国家荣誉称号法》由中华人民共和国第十二届全国人民代表大会常务委员会第十八次会议于 2015 年 12 月 27 日通过。

中华人民共和国成立以来，从时传祥、王进喜，到袁隆平、郭明义等，各行业的杰出人物传递了极大正能量。然而，虽然先后开展了多种形式的奖励表彰活动，但以国家名义颁发、面向全民的最高奖励制度却一直处于空白状态。

2019 年 9 月 17 日，第十三届全国人民代表大会常务委员会第十三次会议通过：授予叶培建、吴文俊、南仁东（满族）、顾方舟、程开甲“人民科学家”国家荣誉称号；

授予于漪（女）、卫兴华、高铭暄“人民教育家”国家荣誉称号；

授予王蒙、秦怡（女）、郭兰英（女）“人民艺术家”国家荣誉称号；

授予艾热提·马木提（维吾尔族）、申亮亮、麦贤得、张超“人民英雄”国家荣誉称号；

授予王文教、王有德（回族）、王启民、王继才、布茹玛汗·毛勒朵（女，柯尔克孜族）、朱彦夫、李保国、都贵玛（女，蒙古族）、高德荣（独龙族）“人民楷模”国家荣誉称号；

授予热地（藏族）“民族团结杰出贡献者”国家荣誉称号；

授予董建华“‘一国两制’杰出贡献者”国家荣誉称号；

授予李道豫“外交工作杰出贡献者”国家荣誉称号；

授予樊锦诗（女）“文物保护杰出贡献者”国家荣誉称号。

2019年9月29日上午，中华人民共和国国家勋章和国家荣誉称号颁授仪式在北京人民大会堂金色大厅隆重举行。中共中央总书记、国家主席、中央军委主席习近平向国家勋章和国家荣誉称号获得者颁授勋章奖章并发表重要讲话。

延伸阅读：“杂交水稻之父”袁隆平

2019年9月17日，国家主席习近平签署主席令，授予8人“共和国勋章”。袁隆平名列其中。

这一天，在距离北京1600多公里的湖南省衡东县的一片稻田里，袁隆平拿着一株水稻仔细观察后，面带笑意地说道：“开花开得很好。”这片稻田是“第三代杂交水稻”试验田，此时正处于扬花时期，田中的双季晚稻有望突破亩产1000公斤大关。

“荣誉是对我们成绩的肯定，但我们不能躺在功劳簿上，还得继续干活。只要能解决老百姓的吃饭问题，个人的荣辱得失又算得了什么。搞科研的人要有使命感，有胸襟。”在中华人民共和国成立70周年来临之际获得国家最高荣誉，袁隆平向记者表示，“这对我既是鼓舞也是鞭策，希望在原有的基础上更上一层楼。”

▲ 袁隆平

在获得共和国勋章的前一天，袁隆平出现在湖南农业大学2019级新生开学典礼上，引起全场沸腾，学生们激动不已地喊：“袁院士才是我们该追的‘星’！”

在开学典礼上，袁隆平在讲话中再次提到他多次谈及的两个梦想：“第一个梦是禾下乘凉梦，这是追求水稻的高产梦；

第二个梦是杂交水稻覆盖全球梦，我始终都还在努力使梦想成真，也寄希望于你们来共同实现这两个梦想。”

为了实现这两个梦想，袁隆平不曾停歇。

1974 年，袁隆平科研小组培育的第一个强优势高产杂交稻破土而出。多年来，袁隆平领衔的科研团队通过形态改良和杂种优势利用相结合的技术路线，成功攻破水稻超高产育种难题，不断刷新亩产产量。目前，超级稻计划的五期目标已经全部完成，分别是亩产 700 公斤、800 公斤、900 公斤、1000 公斤和 1100 公斤。

据统计，从 1976 到 2018 年，杂交水稻在全国累计推广面积约 85 亿亩，增产稻谷 8.5 亿吨。每年因种植杂交水稻而增产的粮食，可以多养活约 8000 万人口。

袁隆平说：“我们国家人口多、耕地少，保障国家粮食安全，唯一的办法就是提高单产。高产对于我来说，是一个永恒的主题。”

不仅让中国人吃得饱，袁隆平还希望全世界人民都能够远离饥饿。他曾笑称，自己愿做太平洋上的海鸥，让杂交水稻技术越过重洋。

《杂交水稻简明教程》一书，袁隆平写于 1985 年，经联合国粮农组织出版后，目前已发行到 40 多个国家，成为全世界杂交水稻研究和生产的指导用书。据湖南省农业农村厅统计，截至 2018 年底，杂交水稻已在海外 40 多个国家成功试验示范，在十多个国家大面积推广。2018 年，海外杂交水稻推广面积超过 700 万公顷。

在获得“共和国勋章”的 10 天前，袁隆平迎来 90 岁生日。他笑称，自己已经从“80 后”升级为“90 后”，未来要健康快乐超百岁，就像超级稻攻关一样，不断超越新目标。

共筑中国梦

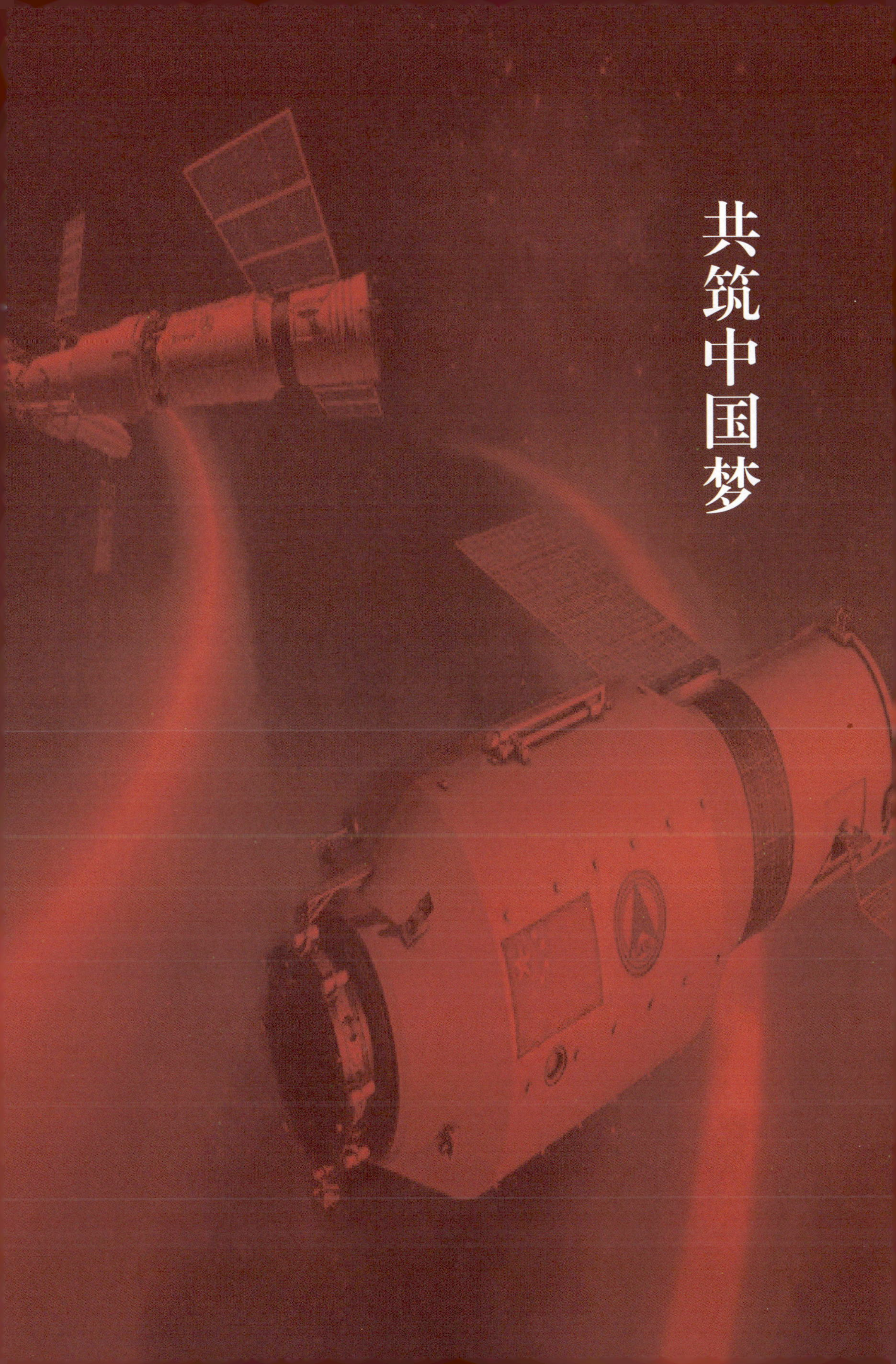

“共筑中国梦”昭示着国家富强、民族振兴、人民幸福的美好前景，是包括所有青少年在内的每一个中国人为之奋斗的梦想。

1. 青少年要跟上新时代，明确前进方向

青少年跟上新时代，必须理解新时代中国特色社会主义思想的内涵，了解祖国的前进方向。习近平新时代中国特色社会主义思想内涵十分丰富，涵盖新时代坚持和发展中国特色社会主义的总目标、总任务、总体布局、战略构想和发展方向、发展方式、发展动力、战略步骤、外部条件、政治保证等基本问题，并根据新的实践对经济、政治、法治、科技、文化、教育、民生、民族、宗教、社会、生态文明、国家安全、国防和军队、“一国两制”和祖国统一、统一战线、外交、党的建设等各方面做出新的理论概括和战略指引。

习近平新时代中国特色社会主义思想的核心内容是“八个明确”和“十四个坚持”。

“八个明确”，就是明确坚持和发展中国特色社会主义，总任务是实现社会主义现代化和中华民族伟大复兴，在全面建成小康社会的基础上，分两步走，在21世纪中叶建成富强、民主、文明、和谐、美丽的社会主义现代化强国；明确新时代我国社会主要矛盾是人民日益增长的美好生活需要和不平衡、不充分的发展之间的矛盾，必须坚持以人民为中心的发展思想，不断促进人的全面发展、全体人民共同富裕；明确中国特色社会主义事业总体布局是“五位一体”、战略布局是“四个全面”，强调坚定道路自信、理论自信、制度自信、文化自信；明确全面深化改革总目标是完善和发展中国特色社会主义制度、推进国家治理体系和治理能力现代化；明确全面推进依法治国总目标是建设中国特色社会主义法治体系、建设社会主义

法治国家；明确党在新时代的强军目标是建设一支听党指挥、能打胜仗、作风优良的人民军队，把人民军队建设成为世界一流军队；明确中国特色大国外交要推动构建新型国际关系，推动构建人类命运共同体；明确中国特色社会主义最本质的特征是中国共产党领导，中国特色社会主义制度的最大优势是中国共产党领导，党是最高政治领导力量，提出新时代党的建设总要求，突出政治建设在党的建设中的重要地位。

“十四个坚持”，就是坚持党对一切工作的领导，坚持以人民为中心，坚持全面深化改革，坚持新发展理念，坚持人民当家作主，坚持全面依法治国，坚持社会主义核心价值体系，坚持在发展中保障和改善民生，坚持人与自然和谐共生，坚持总体国家安全观，坚持党对人民军队的绝对领导，坚持“一国两制”和推进祖国统一，坚持推动构建人类命运共同体，坚持全面从严治党。

“八个明确”“十四个坚持”有机融合、有机统一，凝结着我们党坚持和发展中国特色社会主义的宝贵经验，反映了以习近平同志为核心的党中央对中国特色社会主义规律性认识的深化、拓展、升华，体现了理论与实际相结合、认识论和方法论相统一的鲜明特色。

延伸阅读：“不忘初心、牢记使命”主题教育进行时

2017 年 10 月 18 日，习近平总书记在党的十九大报告中指出，在全党开展“不忘初心、牢记使命”主题教育，用党的创新理论武装头脑，推动全党更加自觉地为实现新时代党的历史使命不懈奋斗。总要求是：守初心、担使命，找差距、抓落实。

守初心，就是要牢记全心全意为人民服务的根本宗旨，以

坚定的理想信念坚守初心，牢记人民对美好生活的向往就是我们的奋斗目标，时刻不忘我们党来自人民、根植人民，永远不能脱离群众、轻视群众、漠视群众疾苦。

担使命，就是要牢记我们党肩负的实现中华民族伟大复兴的历史使命，勇于担当负责，积极主动作为，保持斗争精神，敢于直面风险挑战，以坚韧不拔的意志和无私无畏的勇气战胜前进道路上的一切艰难险阻。

找差距，就是要对照新时代中国特色社会主义思想和党中央决策部署，对照党章党规，对照人民群众新期待，对照先进典型、身边榜样，坚持高标准、严要求，有的放矢进行整改。

▲ 全国各地都在开展“不忘初心、牢记使命”主题教育

抓落实，就是要把新时代中国特色社会主义思想转化为推进改革发展稳定和党的建设各项工作的实际行动，把初心使命变成党员干部锐意进取、开拓创新的精气神和埋头苦干、真抓实干的自觉行动，力戒形式主义、官僚主义，推动党的路线方针政策落地生根，推动解决人民群众反映强烈的突出问题，不断增强人民群众获得感、幸福感、安全感。

“守初心、担使命，找差距、抓落实”是一个相互联系的整体，要全面把握，贯穿主题教育全过程。

2. 中华民族最伟大的梦想

实现中华民族伟大复兴，是近代以来中华民族最伟大的梦想，是激励中华儿女团结奋进、开辟未来的精神旗帜。习近平总书记指出，中国共产党人的初心和使命，就是为中国人民谋幸福，为中华民族谋复兴。实现中华民族伟大复兴的中国梦，这是以习近平同志为核心的党中央对全体人民的庄严承诺，是党和国家面向未来的政治宣言，充分体现了我们党高度的历史担当和使命追求，为新时代坚持和发展中国特色社会主义注入了崭新内涵。

中国梦的本质是国家富强、民族振兴、人民幸福。这个梦想，把国家的追求、民族的向往、人民的期盼融为一体，体现了中华民族和中国人民的整体利益，表达了每一个中华儿女的共同愿景。

为什么要用中国梦来概括中华民族的伟大复兴？正如习近平总书记指出的："中国梦是一种形象的表达，是一个最大公约数，是一种为群众易于接受的表述。"中国梦意味着中国人民和中华民族的价值认同和价值追求，意味着每一个人都能在为中国梦的奋斗中实现自己的理想追求。正因为如此，中国梦具有广泛的包容性，成为回荡在14亿人心中的高亢旋律，是中华民族团结奋斗的最大公约数和最大同心圆。

中国梦是国家情怀、民族情怀、人民情怀相统一的梦。家是最小国，国是千万家。国泰而民安，民富而国强。国家、民族、个人在实现中国梦中相互依赖、相互依存。中国梦是国家的、民族的，也是每一个中国人的。国家好、民族好，大家才会好。中国梦的最大特点，就是把国家利益、民族利益和每个人的具体利益紧紧联系在一起，体现了中华民族的“家国天下”情怀。只有国家富强、民族振兴，人民才能幸福。国家梦、民族梦的实现过程，为每个人梦想的实现提供了广阔空间。“得其大者可以兼其小。”只要每个人都把人生理想融入国家和民族的伟大梦想之中，敢于有梦、勇于追梦、勤于圆梦，就会汇聚起实现中国梦的强大力量。

延伸阅读：做践行新思想的追梦人

一个没有梦想的人，是没有希望的。同样，一个没有梦想的国家，也是没有希望的。美国在建国之初，就设计了自己的梦想，梦想就写在《独立宣言》里。法国也有自己的梦想，梦想写在《人权宣言》里。2012 年，习近平总书记提出了“中国梦”的伟大构想，把“中国梦”定义为“实现中华民族伟大复兴，就是中华民族近代以来最伟大梦想”。

青少年富有朝气、充满活力、思维活跃、敢想敢干，作为未来中国特色社会主义建设的接班人和生力军，党和人民给予了深情厚望，因此必须坚守初心、牢记使命，坚定理想信念、锤炼过硬作风，在学习实践中弘扬正气、汇聚灵气、提升底气，为实现伟大梦想注入澎湃的青春动力。

“持之以恒”锤炼政治定力，涵养新时代正气。“不管风吹雨打，胜似闲庭信步。”政治定力，包含了一个人的信仰、担当、廉洁、心态，是青少年在政治信仰上的忠贞不渝、思想认同上的坚信不疑、实际行动上的坚定不移。如果政治定力不强，人的“世界观、人生观、价值观”就会发生动摇、扭曲，精神世界就会缺钙，久而久之会得“软骨病”。青少年要以弘扬正气为己任，涵养上善若水的品德，端正遵纪守法的言行。

“锲而不舍”提振精神活力，汇聚新时代的“灵气”。精神活力是一种人生状态，是一种学习态度，是一种社会责任，是我们干好工作的力量源泉。青少年要满怀激情与活力，坚持用先进思想、先进文化、先进事迹感染、鼓舞自己，不耽于空想、不慕于虚声，虚心向英雄、向模范、向实践学习，养成好习惯，多读书、多锻炼、多思考。

“水滴石穿”提升学习能力，增强新时代“底气”。坚持严以自律，讲规矩，有原则，守底线，勤于学习、善于思考，坚持在学中干、干中学，及时补足能力、知识的“短板”，不断提升自己，做到知行合一；要不断强化责任意识、主动担当、善于担当，正确面对困难、面对挫折，以“不到长城非好汉”的毅力、“柳暗花明又一村”的乐观，充分发挥主观能动性，迎难而上、攻坚克难，做新时代奋进路上的阳光青少年。

3. 中华民族一家亲　同心共筑中国梦

中国是一个多民族国家，中华民族由全国各民族组成。近代以来，各民族都有为民族独立、国家富强共同牺牲、共同奋斗的光辉历史。进入新时代，在以习近平同志为核心的党中央领导下，各民族团结一心，都在为实现中华民族伟大复兴的中国梦而努力奋斗。中华民族的共同意志是国家统一的基础，是民族团结的根本，也是把各民族精神力量汇集起来的灵魂。正是在中华民族共同意志的引领下，各民族亲如“一家人”，水乳交融、唇齿相依、休戚相关、荣辱与共。

各民族都有自己独特的风俗习惯、丰富的思想感情、多彩的文化艺术。在民族工作中要正确处理差异性和共同性的关系，既要尊重差异、包容多样，也要正视共性、增进一体，尊重民族差异而不强化差异，保持民族特性而不强化特性。

青少年要牢固树立自己是中华民族一员的意识，首先要明确自己属于中华民族，强化对祖国、中华民族、中华文化和历史文明的认同感。进而认识中华各民族是命运共同体，在历史发展中逐步形成了你中有我、我中有你、谁也离不开谁的多元一体格局。中华各民族是一个和睦的大家庭，各民族之间的关系是一个大家庭里不同成员的关系。

总之，青少年要以“中华民族一家亲，同心共筑中国梦”为总目标，同各民族广大群众一起共同团结奋斗、共同繁荣发展，大力营造中华民族一家亲的社会氛围，为实现中华民族伟大复兴的中国梦凝聚磅礴的精神力量。

延伸阅读：坚决打赢脱贫攻坚战

小康不小康，关键看老乡，关键看贫困老乡能不能脱贫。习近平总书记指出：“贫穷不是社会主义。如果贫困地区长期贫困，面貌长期得不到改变，群众生活长期得不到明显提高，那就没有体现我国社会主义制度的优越性，那也不是社会主义。”

中华人民共和国成立以来特别是改革开放以来，我们党带领全国各族人民持续向贫困宣战，实施大规模扶贫开发行动，使贫困人口大幅减少，贫困群众生活水平显著提高，贫困地区面貌发生根本变化。党的十八大以来，党中央实施精准扶贫、精准脱贫，加大扶贫投入，创新扶贫方式，扶贫开发工作呈现新局面。

经过长期持续努力，我们成功走出了一条中国特色的扶贫开发道路，使七亿多贫困人口成功脱贫，为全面建成小康社会打下了坚实基础。我国成为世界上减贫人口最多的国家，也是世界上率先完成联合国千年发展目标的国家。这个成就，足以载入人类社会发展史册，也足以向世界证明中国共产党领导和中国特色社会主义制度的优越性。

习近平总书记强调："脱贫攻坚战进入决胜的关键阶段，务必一鼓作气、顽强作战，不获全胜决不收兵。"要以更大的决心、更明确的思路、更精准的举措、超常规的力度，众志成城，确保到2020年我国现行标准下农村贫困人口实现脱贫，贫困县全部摘帽，解决区域性整体贫困，做到脱真贫、真脱贫。打赢脱贫攻坚战，中华民族千百年来存在的绝对贫困的问题，将在我们这代人的手里历史性地得到解决。

脱贫攻坚贵在精准，重在精准，成败之举在于精准。开对"药方子"，才能拔掉"穷根子"。要注重扶持对象精准、项目安排精准、资金使用精准、措施到户精准、因村派人精准、脱贫成效精准，坚持因人因地施策、因贫困原因施策、因贫困类型施策，做到对症下药、靶向治疗。解决好"扶持谁、谁来扶、怎么扶、如何退"的问题，扶贫扶到点上扶到根上。实施"五个一批"工程，即发展生产脱贫一批、易地搬迁脱贫一批、生态补偿脱贫一批、发展教育脱贫一批、社会保障兜底一批。稳定实现贫困人口"两不愁三保障"，即不愁吃不愁穿，义务教育、基本医疗、住房安全有保障。

幸福不会从天而降，好日子是干出来的。各级党委和政府必须坚定信心、勇于担当，把脱贫职责扛在肩上，把脱贫任务抓在手上。特别是脱贫攻坚任务重的地区党委和政府，要把脱贫攻坚作为第一民生工程来抓，层层压实责任，级级传导压力。坚持大扶贫格局，深入实施东西部扶贫协作，重点攻克深度贫困地区脱贫任务。坚持把扶贫同扶志、扶智结合起来，引导贫困群众树立"宁愿苦干、不愿苦熬"的观念，自力更生、艰苦奋斗，用自己的辛勤劳动实现脱贫致富。

4. 构建人类命运共同体

2013 年 3 月 23 日，习近平总书记在莫斯科国际关系学院发表演讲时提出：“人类生活在同一个地球村里，生活在历史和现实交汇的同一个时空里，越来越成为你中有我、我中有你的命运共同体。”

当今世界，人类正处在百年未有之大变局，面对“世界怎么了？人类怎么办？”的时代之问，习近平总书记汲取中华优秀传统文化精髓，继承人类社会发展优秀成果，提出构建人类命运共同体，为解决当今世界面临的现实问题、实现人类社会和平永续发展，提出了中国理念、中国方案。

构建人类命运共同体理念的内涵，就是要坚持对话协商、共建共享、合作共赢、交流互鉴、绿色低碳，建设持久和平、普遍安全、共同繁荣、开放包容、清洁美丽的世界。

建设更加繁荣美好的世界，是各国人民的共同愿望。推动构建人类命运共同体，反映了人类社会的共同价值追求，汇聚了世界各国人民对和平、发展、繁荣向往的最大公约数，为人类社会实现共同发展、持续繁荣、长治久安绘制了蓝图，指明了方向，被多次写入联合国文件，得到国际社会广泛认同和积极响应，成为中国引领时代潮流和人类文明进步方向的鲜明旗帜。

延伸阅读： 积极促进“一带一路”国际合作

2013 年秋，习近平总书记提出了共建丝绸之路经济带和

21世纪海上丝绸之路重大倡议。共建“一带一路”倡议正在成为我国参与全球开放合作、改善全球经济治理体系、促进全球共同发展繁荣、推动构建人类命运共同体的中国方案。“一带一路”就像一对腾飞的翅膀，正飞向和平、发展、合作、共赢的远方。

“一带一路”倡议根植于历史，更面向未来。古丝绸之路绵亘万里，延续千年，积淀了以和平合作、开放包容、互学互鉴、互利共赢为核心的丝绸之路精神。在新的历史条件下，我们提出“一带一路”倡议，就是要继承和发扬丝绸之路精神，把我国发展同沿线国家和世界其他国家发展结合起来，把中国梦同沿线国家和世界其他国家人民的梦想结合起来，赋予古代丝绸之路以全新的时代内涵。共建“一带一路”倡议源于中国，更属于世界。以共建“一带一路”为实践平台推动构建人类命运共同体，这是从我国改革开放和长远发展出发提出来的，符合中华民族历来秉持的天下大同理念，符合中国人怀柔远人、和谐万邦的天下观，顺应时代要求和各国加快发展的愿望，占据了国际道义制高点。

“一带一路”倡议秉持和遵循共商共建共享原则，努力实现政策沟通、设施联通、贸易畅通、资金融通、民心相通，是发展的倡议、合作的倡议、开放的倡议。这一倡议的核心内涵，是促进基础设施建设和互联互通，加强经济政策协调和发展战略对接，促进协同联动发展，实现共同繁荣。这一倡议要实现的最高目标就是在“一带一路”建设国际合作框架内，各方携手应对世界经济面临的挑战，开创发展新机遇，谋求发展新动力，拓展发展新空间，实现优势互补、互利共赢，不断朝着人类命运共同体方向迈进。

几年来，“一带一路”建设完成了总体布局，绘就了一幅“大写意”画卷，取得了令人瞩目的成就。今后要聚焦重点、深耕细作，共同绘制精谨细腻的“工笔画”。坚持开放、绿色、廉洁理念，追求高标准、惠民生、可持续目标，推动共建“一带一路”沿着高质量发展方向不断前进。

“一带一路”建设跨越不同地域、不同发展阶段、不同文明，是各方共同打造的全球公共产品。要尊重彼此主权、尊严、领土完整，尊重彼此发展道路和社会制度，尊重彼此核心利益和重大关切，把“一带一路”建成和平之路；聚焦发展这个根本性问题，释放各国发展潜力，实现经济大融合、发展大联动、成果大共享，把“一带一路”建成繁荣之路；打造开放型合作平台，维护多边贸易体制，解决经济增长和平衡问题，把“一带一路”建成开放之路；坚持创新驱动发展，优化创新环境，集聚创新资源，把“一带一路”建成创新之路；以文明交流超越文明隔阂、文明互鉴超越文明冲突、文明共存超越文明优越，把“一带一路”建成文明之路。

共建“一带一路”是经济合作倡议，不是搞地缘政治联盟或军事同盟，不针对谁也不排除谁；是开放包容，不是关起门来搞小圈子或者“中国俱乐部”；是中国同世界共享机遇、共谋发展的阳光大道，不是这样那样的所谓“陷阱”，不以意识形态划界，不搞零和游戏。只要各国有意愿，中国都欢迎。

5. 描绘“中国之治”宏图

党的十九届四中全会审议通过的《中共中央关于坚持和完善中国特色社会主义制度、推进国家治理体系和治理能力现代化若干重大问题的决定》，对如下15个方面的内容做了详尽、深刻的阐述。

（1）坚持和完善中国特色社会主义制度、推进国家治理体系和治理能力现代化的重大意义和总体要求；

（2）坚持和完善党的领导制度体系，提高党科学执政、民主执政、依法执政水平；

（3）坚持和完善人民当家作主制度体系，发展社会主义民主政治；

（4）坚持和完善中国特色社会主义法治体系，提高党依法治国、依法执政能力；

（5）坚持和完善中国特色社会主义行政体制，构建职责明确、依法行政的政府治理体系；

（6）坚持和完善社会主义基本经济制度，推动经济高质量发展；

（7）坚持和完善繁荣发展社会主义先进文化的制度，巩固全体人民团结奋斗的共同思想基础；

（8）坚持和完善统筹城乡的民生保障制度，满足人民日益增长的美好生活需要；

（9）坚持和完善共建共治共享的社会治理制度，保持社会稳定、维护国家安全；

（10）坚持和完善生态文明制度体系，促进人与自然和谐共生；

（11）坚持和完善党对人民军队的绝对领导制度，确保人民军队忠实履行新时代使命任务；

（12）坚持和完善"一国两制"制度体系，推进祖国和平统一；

（13）坚持和完善独立自主的和平外交政策，推动构建人类命运共同体；

（14）坚持和完善党和国家监督体系，强化对权力运行的制约和监督；

（15）加强党对坚持和完善中国特色社会主义制度、推进国家治理体系和治理能力现代化的领导。

这是当代中国马克思主义国家学说的标志性成果，是新时代国家制度和国家治理体系建设举旗定向的政治宣言，既有许多理论上的新概括，又有许多实践上的新举措。

延伸阅读：建设美丽中国

人与自然的关系是人类社会最基本的关系。马克思主义认为，人靠自然界生活。人类在同自然的互动中生产、生活、发展。中华文明强调要把天地人统一起来，按照大自然规律活动，取之有时，用之有度。习近平总书记指出："自然是生命之母，人与自然是生命共同体，人类必须敬畏自然、尊重自然、顺应自然、保护自然。"保护自然就是保护人类，建设生态文明就是造福人类。

生态兴则文明兴，生态衰则文明衰。生态环境是人类生存和发展的根基，生态环境变化直接影响文明的兴衰。古今中外这方面的例子不少。我国古代一些地区，如河西走廊、黄土高原都曾经水丰草茂，由于毁林开荒、乱砍滥伐，致使生态环境遭到严重破坏，导致经济衰落。

历史教训表明，在整个发展过程中，不能只讲索取不讲投入，不能只讲发展不讲保护，不能只讲利用不讲修复。人类只有遵循自然规律才能有效防止在开发利用自然资源上走弯路，人类对大自然的伤害最终会伤及人类自身，这是无法抗拒的规律。

建设绿色家园是各国人民的共同梦想。纵观人类文明发展史，工业化进程创造了前所未有的物质财富，也产生了难以弥补的生态创伤。杀鸡取卵、竭泽而渔的发展方式走到了尽头，顺应自然、保护生态的绿色发展昭示着未来。保护生态环境、应对气候变化需要世界各国同舟共济、共同努力，任何一国都无法置身事外、独善其身。

我国已成为全球生态文明建设的重要参与者、贡献者、引领者，主张加快构筑尊崇自然、绿色发展的生态体系，共建清洁美丽世界。要深度参与全球环境治理，引导应对气候变化国际合作，增强我国在全球环境治理体系中的话语权和影响力。与世界各国共同呵护好地球家园，同筑生态文明之基，同走绿色发展之路，让子孙后代既能享有丰富的物质财富，又能遥望星空、看见青山、闻到花香。

6. 小故事，大道理，讲出“真”故事

2018 年 10 月，由中共中央宣传部、中央广播电视总台联合制作的《百家讲坛》特别节目《平“语”近人——习近平总书记用典》在央视综合频道黄金时段播出，引起广大观众热烈反响并得到广泛好评。节目以习近平总书记一系列重要讲话、文章、谈话中所引用的古代典籍和经典名句为切入点，以恢宏大气的电视表现形式和通俗简洁的语言风格，诵读习近平总书记用典，解读中华优秀传统文化精髓，充分彰显了习近平总书记的爱民情怀和治国理政智慧。

“衙斋卧听萧萧竹，疑是民间疾苦声；些小吾曹州县吏，一枝一叶总关情。”第一集开篇，就以郑板桥的诗全面引入，这首诗也是习近平总书记在河北省阜平县考察扶贫开发工作时的讲话所引用的，体现了共产党人的为民情怀以及以增强人民群众获得感、幸福感为己任的初心和使命。

《平“语”近人——习近平总书记用典》每一集节目均用总书记在讲话或文章中使用过的某一经典名句为主题，通过央视主持人串场、文化学者的经典释义、理论大家的思想解读、曾经直接感受总书记人文情怀的当事人情景述说，以及与在场大学生观众互动交流，将总书记的人格魅力、中华文化的深厚底蕴和百姓的真情实感融入一言一语一个场景之中，深深触动了观众的心。节目所涉的典故、思想、事件、论理都亲近中华历史文化、都贴近现实人们生活、都切近内在思想心灵。

亲近中华历史文化。每一集解说词都精彩纷呈，大部分经典佳句都源自千古名篇，至今还广为流传，反映了中华优秀传统文化的博大精深，凝结着中华民族的深邃智慧。总书记以其惯于用典、善于用典、精于用典的博学信手拈来，以古人之智慧，开今日之生面，将这些典故与社会主义核心价值观相契合，与社会主义先进文化相融合，既有助于传承中华优秀传统文化和筑牢文化自信，也有助于人民群众对习近平新时代中国特色社会主义思想的广泛认同。因为亲近本土文化历史才有了新思想的亲和力。

贴近现实生活。所有的文化经典都是一个时代的思想观念、价值理念、道德准则、行为规范的反映，而所有这些又在人们日常交往和社会活动中体现出来。治国者要有“一枝一叶总关情”的为民情怀，齐家者要有“亲师友，习礼仪”的言传身教，修身者要有“己所不欲勿施于人”的克己美德，等等。总书记作为国家领导人日理万机、夙夜在公，作为普通人敬老爱幼，身体力行，彰显大孝大义大爱，堪为楷模。因为贴近现实生活才有了新思想的生命力。

切近内在思想心灵。节目精选的总书记用典，既是平实晓畅、脍炙人口的语言，更是党的领导核心与普通百姓的贴心话、连心语；既阐释了“以百姓之心为心”的发展理念，也表达了“治国有常利民为本”的执政理念，是引领我们创造美好生活的谆谆教导和悉心嘱托。因为切近内在思想心灵才有了新思想的感召力。

延伸阅读：习近平寄语青少年

在奋斗中释放青春激情、追逐青春理想

广大青年既是追梦者，也是圆梦人。追梦需要激情和理想，圆梦需要奋斗和奉献。广大青年应该在奋斗中释放青春激情、追逐青春理想，以青春之我、奋斗之我，为民族复兴铺路架桥，为祖国建设添砖加瓦。

——2018 年 5 月 2 日，在北京大学师生座谈会上的讲话

像海绵汲水一样汲取知识

青年处于人生积累阶段，需要像海绵汲水一样汲取知识。广大青年抓学习，既要惜时如金、孜孜不倦，下一番心无旁骛、静谧自怡的功夫，又要突出主干、择其精要，努力做到又博又专、愈博愈专。特别是要克服浮躁之气，静下来多读经典，多知其所以然。

——2017 年 5 月 4 日，在中国政法大学考察时的讲话

处优而不养尊，受挫而不短志

青年在成长和奋斗中，会收获成功和喜悦，也会面临困难和压力。要正确对待一时的成败得失，处优而不养尊，受挫而不短志，使顺境逆境都成为人生的财富而不是人生的包袱。广大青年人人都是一块玉，要时常用真善美来雕琢自己，不断培养高洁的操行和纯朴的情感，努力使自己成为高尚的人。

——2017 年 5 月 4 日，在中国政法大学考察时的讲话

从小就让社会主义核心价值观的种子在心中生根发芽

中小学生是青少年的主体，是国家的未来和希望。中小学生要立志成才，必须勤奋学习、提高综合素质，努力做到修身立德、志存高远，勤学上进、追求卓越，强健体魄、健康身心，锤炼意志、砥砺坚韧。同学们都要自觉加强道德养成，从小就让社会主义核心价值观的种子在心中生根发芽，把国家、人民、民族装在心中，注重养成健康、乐观、向上的品格；都要乐于学习、勤于学习、善于学习，在求知境界上越来越高；都要把身心健康牢牢抓在手上，养成良好的生活习惯，经常参加劳动和体育锻炼，通过多种方式怡情养性；都要敢于面对各种困难和挫折，自觉培养不畏艰难、顽强奋进的意志品质。

——2016 年 9 月 9 日，在北京市八一学校考察时的讲话

保持初生牛犊不怕虎的劲头

广大青年要保持初生牛犊不怕虎的劲头，不懂就学，不会就练，没有条件就努力创造条件。“志之所趋，无远弗届，穷山距海，不能限也。”对想做爱做的事要敢试敢为，努力从无到有、从小到大，把理想变为现实。要敢于做先锋，而不做过客、不当看客，让创新成为青春远航的动力，让创业成为青春搏击的能量，让青春年华在为国家、为人民的奉献中焕发出绚丽光彩。

——2016 年 4 月 26 日，在知识分子、劳动模范、青年代表座谈会上的讲话

热爱生活，懂得感恩，与人为善，明礼诚信，争当学习和实践社会主义核心价值观的小模范

要从小学习做人。世界上最难的事情，就是怎样做人、怎

样做一个好人。要做一个好人，就要有品德、有知识、有责任，要坚持品德为先。你们现在都是小树苗，品德的养成需要丰富的营养、肥沃的土壤，这样才能茁壮成长。现在把自己的品德培育得越好，将来人就能做得越好。要学会做人的准则，就要学习和传承中华民族传统美德，学习和弘扬社会主义新风尚，热爱生活，懂得感恩，与人为善，明礼诚信，争当学习和实践社会主义核心价值观的小模范。

——2015 年 6 月 1 日，在会见中国少年先锋队第七次全国代表大会全体代表时的讲话

争当勤奋学习、自觉劳动、勇于创造的小标兵

要从小学习创造。幸福不是毛毛雨，幸福不是免费午餐，幸福不会从天而降。人世间的一切成就、一切幸福都源于劳动和创造。时代总是不断发展的，等你们长大了，生活将发生巨大变化，科技也会取得巨大进步，需要你们用新理念、新知识、新本领去适应和创造新生活，这样，一个民族、人类进步才能生生不息。从现在起，你们就要争当勤奋学习、自觉劳动、勇于创造的小标兵。

——2015 年 6 月 1 日，在会见中国少年先锋队第七次全国代表大会全体代表时的讲话

人生的扣子从一开始就要扣好

青年的价值取向决定了未来整个社会的价值取向，而青年又处在价值观形成和确立的时期，抓好这一时期的价值观养成十分重要。这就像穿衣服扣扣子一样，如果第一粒扣子扣错了，剩余的扣子都会扣错。人生的扣子从一开始就要扣好。

——2014 年 5 月 4 日，在北京大学师生座谈会上的讲话

生活靠劳动创造，人生也靠劳动创造

生活靠劳动创造，人生也靠劳动创造。你们从小就要树立劳动光荣的观念，自己的事自己做，他人的事帮着做，公益的事争着做，通过劳动播种希望、收获果实，也通过劳动磨炼意志、锻炼自己。

——2013 年 5 月 29 日，在同全国各族少年儿童代表共庆六一国际儿童节时的讲话

身体是人生一切奋斗成功的本钱

身体是人生一切奋斗成功的本钱，少年儿童要注意加强体育锻炼，家庭、学校、社会都要为少年儿童增强体魄创造条件，让他们像小树那样健康成长，长大后成为建设祖国的栋梁之材。

——2013 年 4 月 2 日，在参加首都义务植树活动时的讲话

7. “可上九天揽月，可下五洋捉鳖”

当中国航天员在中国土地上乘坐“神舟九号”向太空进发时，太空正在变成中国人奋力探索进取的新空间。

当有“深海的哥”美誉的中国试航员乘坐“蛟龙号”载人潜水器在太平洋公海的深处创下 6671 米的下潜深度时，人类正在持续探索地球家园的纵深。

诗人李白在《宣州谢朓楼饯别校书叔云》中留下这样的诗句：“俱怀逸兴壮思飞，欲上青天揽明月。”新中国第一代领导人毛泽东在《水调歌头·重上井冈山》中气势如虹地放怀：“可

上九天揽月，可下五洋捉鳖。”如今，梦想成为活生生的现实。这是中国科技的巨大突破，是华夏子孙对于大自然勇敢探索的硕果，是中华民族走向伟大复兴巨型交响乐的华美乐章。

这些千挑万选的航天员和身经百战的潜海员，肩负着 14 亿中国人的期望探索外太空和近万米深海。他们制胜的法宝是坚毅的品格、稳定的心理、千锤百炼的过硬本领，我们应向他们及其团队、同事、家人表示祝贺。当人们为中国航天、潜海的巨大成就纵情欢呼、喜泪奔流时，也不禁再次惊讶于我们所处博大宇宙之神奇，感谢蔚蓝色星球对人类供养之慷慨，慨叹人类科技发展空间之浩瀚，庆幸我们所处这样一个伟大的时代。

如果没有改革开放的伟大历程，我们不可能有不断增长的综合国力来支撑尖端科技的探索；如果没有世界上最大规模的中小学教育和高等教育做基数，中国不可能这样英才辈出；有了人类争先恐后探索宇宙奥妙、和平利用太空的积累，中国人今天的表现更精彩；正因为被伟大时代激发出伟大精神，我们才有今天这样的勇气和豪情。

▲“神舟九号”发射圆满成功

在这个英才辈出、繁星璀璨的时刻，我们也要向奋战在每个平凡岗位上的中国人致敬。我们向每一位头顶夏日阳光耕作田间的父老兄弟姐妹致敬，有大地的默默支撑，向太空进发的梦想才能成真。我们向埋头装配间的工人和挥汗脚手架上的工人致敬，有亿万条涓涓细流，才有奔流入海的长江与黄河的壮美。我们向在无数间教室里传道、授业、解惑的教师致敬，科教兴国永远离不开最普通的教师。我们向所有没有成为聚光灯下英雄的普通中国人致敬。

延伸阅读：大国重器，二十年铸就

在科技领域，中国是后来者，许多方面还受到西方国家的封锁。所以，中国科技发展一开始就先天不足。那为何还会在一些关键领域取得巨大成就呢？这和科技工作者的艰苦奋斗以及无私奉献有很大关系。

中国北斗卫星导航系统是我国自行研制的全球卫星导航系统，也是继 GPS、GLONASS 之后的第三个成熟的卫星导航系统。北斗卫星导航系统（BDS）和美国 GPS、俄罗斯 GLONASS、欧盟 Galileo，是联合国卫星导航委员会认定的供应商。

北斗卫星导航系统由空间段、地面段和用户段三部分组成，可在全球范围内全天候、全天时为各类用户提供高精度、高可靠定位、导航、授时服务，并具短报文通信能力，已经初步具备区域导航、定位和授时能力，定位精度 10 米，测速精度 0.2 米 / 秒，授时精度 10 纳秒。中国作为后来者，“北斗”直到 2000 年才开始拥有由两颗地球静止轨道试验卫星组成的“双星定位系统”，这就是“北斗一号”。2003 年，第 3 颗地球静止轨道卫星升空，“北斗”服务能力进一步增强。2020 年 3 月 9 日，成功发射北斗系统第 54 颗导航卫星。从“北斗”双星定位系统建成算起，到“北斗”全球系统于 2020 年 5 月按计划收官，中国航天人努力奋斗 20 载，大国重器“北斗”以空前强大的服务能力造福各国民众。

北斗卫星系统全球组网，这是一件天大的好事情。改革开放40年来，因为科技工作者的辛勤工作，中国科技取得了巨大成就。在载人航天方面，不仅研发了“神舟”号系列载人飞船，而且还凭一国之力，建造了空间站实验平台——天宫号。此外，已故天文学家南仁东，主持设计的全球最大的射电望远镜，既能为航天器提供飞行指导，还能分辨各种宇宙射线。另外，中国科技工作者还研制并发射了“悟空”号暗物质粒子探测卫星，以及“墨子”号量子科学实验卫星。

8. 默默无闻的大国工匠

中央电视台曾经推出《大国工匠》8集系列节目。这套系列节目讲述了为长征火箭焊接发动机的国家高级技师高凤林等8位不同岗位的劳动者，用自己的灵巧双手匠心筑梦的故事。

这群不平凡劳动者的成功之路，是默默坚守，孜孜以求，在平凡岗位上，追求职业技能的完美和极致。他们最终脱颖而出，跻身“国宝级”技工行列，成为本领域不可或缺的人才。

管延安以匠人之心追求技艺的极致，让海底隧道成为他实现梦想的平台。

高凤林是“发动机焊接第一人”。很多企业试图用高薪聘请他，甚至开出高于现工资几倍的待遇加两套北京住房的诱人条件，但他不为所动。

周东红，30年来始终保持着成品率高达100%的纪录，他加工的纸也成为韩美林、刘大为等著名画家及国家画院的

“御用画纸”。

胡双钱，创造了打磨过的零件100%合格的惊人纪录。在中国新一代大飞机C919的首架样机上，有很多他亲手打磨出来的“前无古人”的全新零部件。

孟剑锋，百万次的精雕细琢，雕刻出令人叹为观止的“丝巾”。

张冬伟，焊接质量有百分百的保障，外观也完美无缺。

宁允展，CRH380A的首席研磨师，是中国第一位从事高铁列车转向架“定位臂”研磨的工人，被同行称为“鼻祖”。

顾秋亮，在载人潜水器的组装中，全中国能实现精密度达到“丝”级的只有他一个。

宝剑锋从磨砺出。在收看该系列节目时，发现他们的文化背景不同，年龄有别，但都拥有一个共同的闪光点——热爱本职工作、敬业奉献。他们技艺精湛，有人能焊接牛皮纸一样薄的钢板而不出现一丝漏点；有人能把密封精度控制在头发丝的1/50之内；有人检测手感堪比X光般精准，令人叹服。他们之所以能够达到如此境界，凭的是传承和钻研，靠的是专注与磨砺。

“问渠那得清如许，为有源头活水来。”人的心灵深处一旦有了源源流淌的“活水”，便有了创业创造、建功建树的不竭“源泉”。这个“成功之源”就是爱岗精神、敬业自觉。爱岗敬业，是社会主义核心价值观的内容之一。筑就人生美丽梦想也好，践行核心价值观也罢，既不是虚无缥缈的，也不是高不可攀的。“成功之源”，就根植在你我他的职业道德里、情感良心中。爱岗敬业是满足社会需求与实现个人价值的有机统一。

“大国工匠”的感人故事表明，只有那些热爱本职、脚踏实地，勤勤恳恳、兢兢业业，尽职尽责、精益求精的人，才可能成就一番事业，才可望体现人生价值。

延伸阅读：《中国脊梁》歌词

作词：大 鹏

我看到文天祥，在过零丁洋；
我看到楚霸王，不肯再过江；
我看到那张骞，独守大漠十一载；
我看到左宗棠，抬棺纵马收复新疆。

我看到南昌城，枪声密集；
我看到邱少云，火烧在战场；
我看到鲁迅说“救救孩子吧”；
我还看到马本斋，为了抗日顾不了亲娘！
中国人有脊梁，千年万年把正气唱。
从不惧烽火连天遮星月，
也不会忍气吞声泪两行。
中国人有脊梁，一腔热血越烧越旺！
誓要让正气浩然冲天地，
也要把人间安定来承当！
我看到南昌城 枪声密集，
我看到邱少云火烧在战场！
我看到鲁迅说“救救孩子吧”，
我还看到马本斋为了抗日顾不了亲娘！
中国人有脊梁，千年万年把正气唱。

从不惧烽火连天遮星月，
也不会忍气吞声泪两行。
中国人有脊梁，一腔热血越烧越旺！
誓要让正气浩然冲天地，
也要把人间安定来承当。
纵然背起千座山，永不会折永不会弯；
中华民族万年长，永不会折永不会弯。
钢铁脊梁！
中国人有脊梁，一腔热血越烧越旺。
誓要让正气浩然冲天地，
也要把人间安定来承当。
中国人，有脊梁！

9. 华为自强不息、勇攀科技高峰的故事

中国很少有民营企业，能像华为那样，把重心放在科技上。华为从一开始，就确立了立足科技的发展策略。这当然和任正非有很大关系，因为他就是从军工企业走出来的技术人员，能认识到科技的重要性。

1987 年，任正非集资 2 万多元创办了华为公司，开始时主要是代销香港的一种交换机，挣了一笔钱。很多人挣钱后，会用来改善生活条件，但任正非没有，而是把钱用到技术的研发上。当时，深圳到处都在谈房地产，谈股票，任正非对此不闻不问，在他内心深处，更加关心的是知识和技术。他在《华为基本法》中写道：销售额的 10%，必须用于研发。

也许是和人生经历有关，任正非非常注重艰苦奋斗。2002年，华为遭遇了创业以来最大的挫折。一时间，公司人才流失，市场遇冷，诉讼不断，加上母亲去世，任正非几近崩溃。但即使如此，他也没放弃研发。后来，华为终于研发出自己的通信设备，此后，便进入快速发展阶段。

智能手机问世以后，为了不受制于人，华为又积极投入芯片的研究与开发；同时在操作系统上，也有新的突破，研发了新的操作系统。尤其是5G技术，华为更是独占鳌头。这期间，华为遭遇过重大挫折，比如被美国封锁技术和市场。但是，这并不能困住华为，华为一刻也没有停止发展，始终在瞄准未来，勇敢出发。

延伸阅读：奋斗没有终点

1944年，任正非生于贵州。他为人低调、勤恳、扎实。他知道自己要什么，而不会随随便便跟风。他坚强、理性，始终在磨砺自己。作为人生的赢家，任正非曾给有梦想的年轻人提了几点建议。

每天思考失败，危机随时都在，那些打不败你的终将让你强大。70年代，因为家庭原因，任正非受过歧视，遭到过毒打。后来做生意，又被坑了200万元，不仅家庭破裂，而且丢了铁饭碗。创办公司以后，任正非更是遭遇过一系列挫折，但是他没有趴下，他一次次思考自己为何会失败。可以说，任正非正是在直面各种危机后，才真正强大起来的。

任正非进军通信行业，几乎是被逼着往前冲的。因为通信行业竞争非常激烈，你不进步，就会被淘汰。华为创业初期，几乎每个员工桌子底下都放着一个垫子，既是为了午休用，也是为了加班加点时用。任正非说：“一个企业要想壮大，必须具备‘狼’的三个特征：一是敏锐的嗅觉；二是不屈不挠、永不疲倦；三是群体奋斗。”

不要努力去做完人，有缺点不可怕，重要的是发挥自己的优点。人与人之间是有差异的，重要的不是让自己变成另外一个人，而是成就自己。所以，要学会发挥自己的优势。这样做主要是能够增强信心，让人生找到强大的动力。

花大价钱学习管理，向所有优秀的人学习。任正非曾拜访过全球许多顶尖企业家，学习他们的经验管理。他经常手不释卷，读管理方面的书。善于学习是华为人普遍的特征。华为先后学习过英国的制度、美国的创新、日本的精致以及德国的规范。

任正非创业之初，条件非常艰苦，十几个人挤在一起，同吃同睡，累了就睡，醒了就干。幸运的是，华为坚持下来了。当时，华为人只有一个信念：活下去。为了活下去，华为人走出国门，可走出去，困难更多，会经常遇到没订单的时候。但是，华为还是坚持到了最后。任正非30年来只做一件事，那就是奋斗。他说：“奋斗永远没有终点。”

10. 只为那面国旗红

站在祖国西端喀喇昆仑山海拔5418米的巡逻点位置上，在这个寸草不生、高寒缺氧的“生命禁区”，新疆军区河尾滩边防连年轻官兵手持钢枪、顶着寒风，站在鲜艳的五星红旗旁，经常用略带沙哑的嗓音高唱《我和我的祖国》，用“战士范儿”表达对祖国母亲的爱。他们的前方是风雪边关，背后是万家灯火。70年栉风沐雨，70年春华秋实，他们用忠诚和奉献守护着每一寸国土，书写了矢志不渝、爱国奋斗的壮丽篇章。

▲ 新疆军区河尾滩边防官兵坚守在昆仑山海拔5418米“最高的战场”

为什么说爱国奋斗是最可贵的精神财富？60多年前，开发和建设大西北成为国家的战略之需，1400多名教职工与一批德高望重的老教授率先垂范，近3000名学生热血沸腾，他们写着诗、唱着歌，手里拿着印有“向科学进军，建设大西北”的乘车证，义无反顾地登上西行列车。

爱国是人世间最深层、最持久的情感，是把中华民族团结在一起的精神纽带。翻开中华民族五千年的历史长卷，每一页都有爱国情感的流露。20世纪30年代，请缨出征抗日的四川人王建堂，临行前得到父亲的嘱托竟然是一面“死字旗”：白布正中写着一个大大的“死”字。“我不愿你在我近前尽孝，只愿你在民族分上尽忠。”在那个民族危亡的年代，著名教育家张伯苓在南开大学开学典礼上连发三问：“你是中国人吗？你爱中国吗？你愿意中国好吗？”父亲对儿子其言谆谆，老师对学生其意切切，在爱国主义的强大感召下，千千万万中华儿女舍小家、为大家，担当起救亡图存的责任，才换来最终的胜利。

什么是家国情怀？简单地说，就是以国为家、国重于家。人民军队诞生于国家民族危亡之时，从建军伊始就把忠于党、忠于祖国、忠于人民镌刻在自己的旗帜上。“为了新中国，前进”的无悔抉择，“一人辛苦万人甜，一家不圆万家圆”的牺牲奉献，“你们好好过年，祖国有我们守护”的郑重承诺，都是革命军人家国情怀的生动体现。这种情怀，源于对国家富强、民族复兴的理想追求，源于执干戈以卫社稷的神圣职责，源于对祖国和人民的深情大爱。

抗美援朝长津湖战役中，为了切断美陆战1师南逃退路，20军58师172团3连连长杨根思带领一个排，奉命坚守下碣隅里外围的小高岭。疯狂的美军在飞机重炮的掩护下发起猛烈攻击，重磅炸弹和凝固汽油弹如倾盆大雨般落在巴掌大的阵地上，小高地顷刻间化作一片焦土。在连续打退敌人8次进攻、弹尽粮绝之时，孤守阵地的杨根思抱着5公斤的炸药包，一跃而起，冲入敌群，拉响了导火索，与40多个敌人同归于尽，用鲜血和生命诠释了革命军人以身许国的大义担当。

2015年5月13日，海军航空兵学院姜涛、鲁朋飞驾机飞行训练时不幸牺牲。飞行参数记录仪上的数据真实还原了那个壮烈的瞬间：当时发动机局部失火，拉力急剧下降，飞行员判定难以维持飞行，为避开人群密集区域，果断操纵飞机右转。从发现飞机出现故障到坠毁的短短17秒内，他们选择的不是跳伞求生，而是牺牲自己保护群众。2019年3月12日，同样的一幕由任永涛、粘金鑫两位烈士上演。生死关头把人民利益放在第一位，这样的事迹在人民军队的历史上不胜枚举。王杰、李向群、邱光华、刘景泰、申亮亮……每一个催人泪下的名字背后，都对应着高尚的灵魂、钢铁的意志和坚定的行动，涌动着人民军队为人民的赤子深情。

排雷兵，是和平年代离死神最近的人。“‘你退后，让我来！’六个字铁骨铮铮，以血肉之躯挡住危险，哪怕自己坠入深渊。无法还给妈妈一个拥抱，无法再见妻子明媚的笑脸，战友们拉着手蹚过雷场。你听，那嘹亮的军歌是对英雄的礼赞。”这是感动中国2018年度人物颁奖典礼上，组委会给扫雷英雄杜富国的颁奖词。当他举起断臂敬礼的那一刻，无数人潸然泪下。为人民扫除雷患，为战友血染雷场，杜富国生死关头的舍命一挡，常人也许难以理解，但对他而言却是必然的选择。他常说：“当兵就要上战场，扫雷行动机会难得，就应该站出来顶上去。”平日里，每次作业，他总是第一个进场、第一个布药、第一个引爆、第一个搜排……8年的军旅生涯锻造了一名优秀军人，艰险的岗位淬炼出一名钢铁英雄。

▲ 排雷兵杜富国

延伸阅读： 自古英雄出少年，你还记得他们吗？

小兵张嘎，是作家徐光耀塑造的一个性格鲜明的少年英雄形象。他淘气还有点蛮劲儿，用假手枪顶着扮成汉奸的侦察员罗金保的后腰，偷偷地把真手枪藏在树上的老鸹窝里，和胖墩摔跤输了不但耍赖还堵人家烟筒……以嘎子为首的孩子们粉碎了敌人的阴谋，配合八路军使药品顺利过境，一举歼灭日本鬼子。

海娃，送情报是这个小英雄最常见的任务之一，而海娃送的插着鸡毛的信是最受欢迎的。12岁的儿童团团长海娃是个机智勇敢的孩子。一次，他替抗日游击队送一封紧急而重要的信，路上遇到了敌人。敌人抓住他，要他带路。海娃一心想完成送信的任务，机智地同敌人展开了斗争。最后他冒着危险甩开敌人，把信送到了。八路军根据这封情报，有力地打击了敌人。

草原英雄小姐妹：蒙古族11岁的少女龙梅和不满9岁的玉荣是一对小姐妹。1946年2月9日，她们利用假日自告奋勇为生产队放羊，不料半路上遇到暴风雪。两姐妹冒着漫天的风雪，一路保护着受惊的羊群，艰难地往前走，最后终于安全脱险，保护了集体的财产，但是她们却因为冻伤而致残。

英雄王二小是儿童团员，他常常一边在山坡上放牛，一边给八路军放哨。1942年10月25日，日本鬼子又来“扫荡”，走到山口时迷了路。敌人看见王二小在山坡上放牛，就叫他带路。王二小装着听话的样子走在前面，为了掩护转移的乡亲，把敌人带进八路军的埋伏圈。突然，四面八方响起了枪声，敌人知道上了当，就气急败坏地用刺刀挑死了王二小。正在此时，八路军从山上冲下来，消灭了全部敌人。

小萝卜头，本名宋振中，1941年生于陕西西安，1949年9月在重庆被国民党反动派杀害，遇害时年仅8岁，是解放战争时期为革命牺牲的最小的战士。宋振中8个月的时候，就随父母被关进了监狱。由于终年住在阴暗、潮湿的牢房里，加上营养不良，七八岁的他却只有四五岁的孩子那么高，大头细身、面黄肌瘦，难友们都疼爱地叫他“小萝卜头”。宋振中在革命前辈的影响下，以他独特的方式和敌人作斗争。他在艰苦的环境里勤奋学习，向往自由、热爱生命的精神令人感动。

刘胡兰，山西省文水县云周西村人。著名的革命烈士，优秀共产党员。8岁上村小学，10岁起参加儿童团。1945年进中共妇女干部训练班，1946年到山西省文水县云周西村做妇女工作，担任妇救会秘书，后为主任，并成为中共候补党员。14岁被吸收为中共预备党员，15岁英勇就义。毛泽东主席知道后非常伤心，专门为刘胡兰题字：“生的伟大，死的光荣。”

赖宁，四川雅安市石棉县人，生前是石棉中学初中二年级学生。1988 年 3 月 13 日，为了保护电视与地面卫星接收站的安全，主动加入扑火队伍，在烈火中奋战四五个小时后牺牲，年仅 15 岁。1988 年 5 月，共青团中央、国家教委授予赖宁“英雄少年”的光荣称号。2019 年 9 月 25 日，赖宁被评选为共和国 70 年“最美奋斗者”。

邢燕子，女，1940 年出生，河北宝坻（今属天津）人，少年时就树立远大理想，中学毕业后没有回父母所在的天津市区工作，而是主动回乡参加农业生产，1958 年加入中国共产党。曾担任过河北、天津市领导职务。2019 年 9 月 25 日，被授予共和国 70 年“最美奋斗者”荣誉称号。

我和我的祖国

秦咏诚 曲
张 藜 词

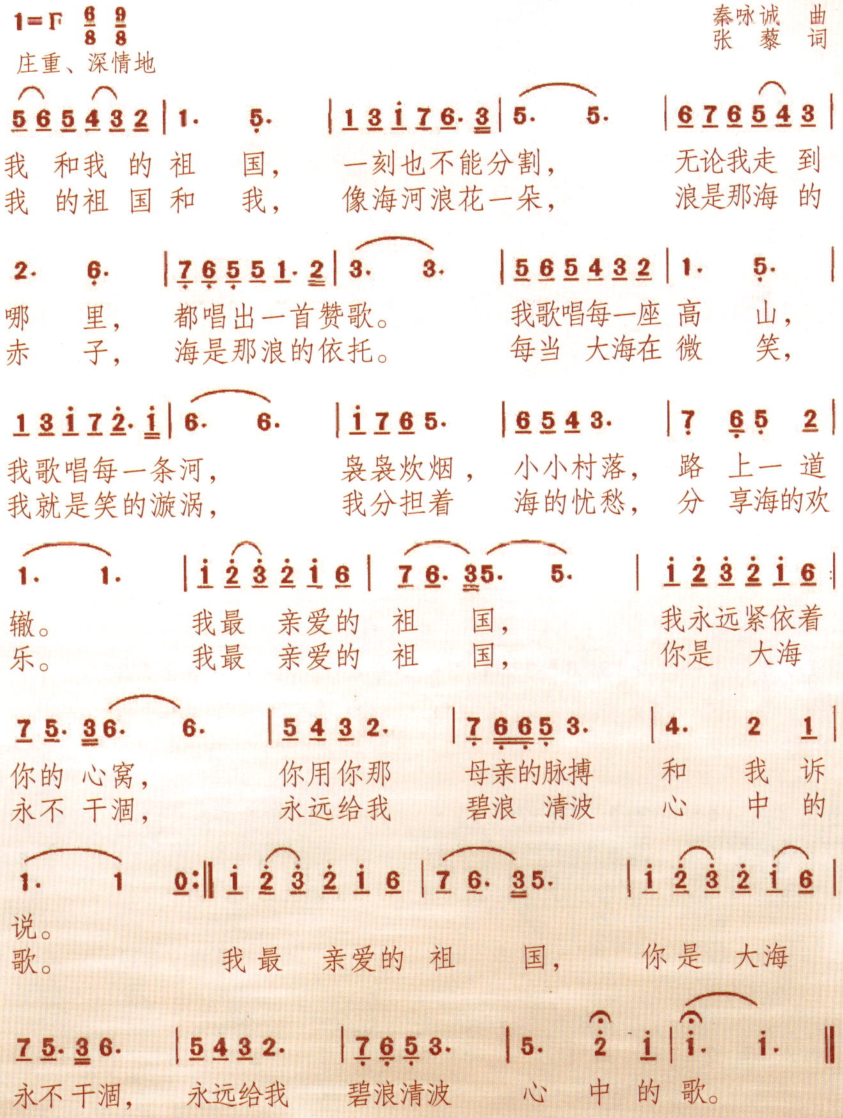

我爱你，中国

1=F $\frac{4}{4}$

郑秋枫 曲
瞿 琮 词

稍慢 自由 歌颂、赞美地

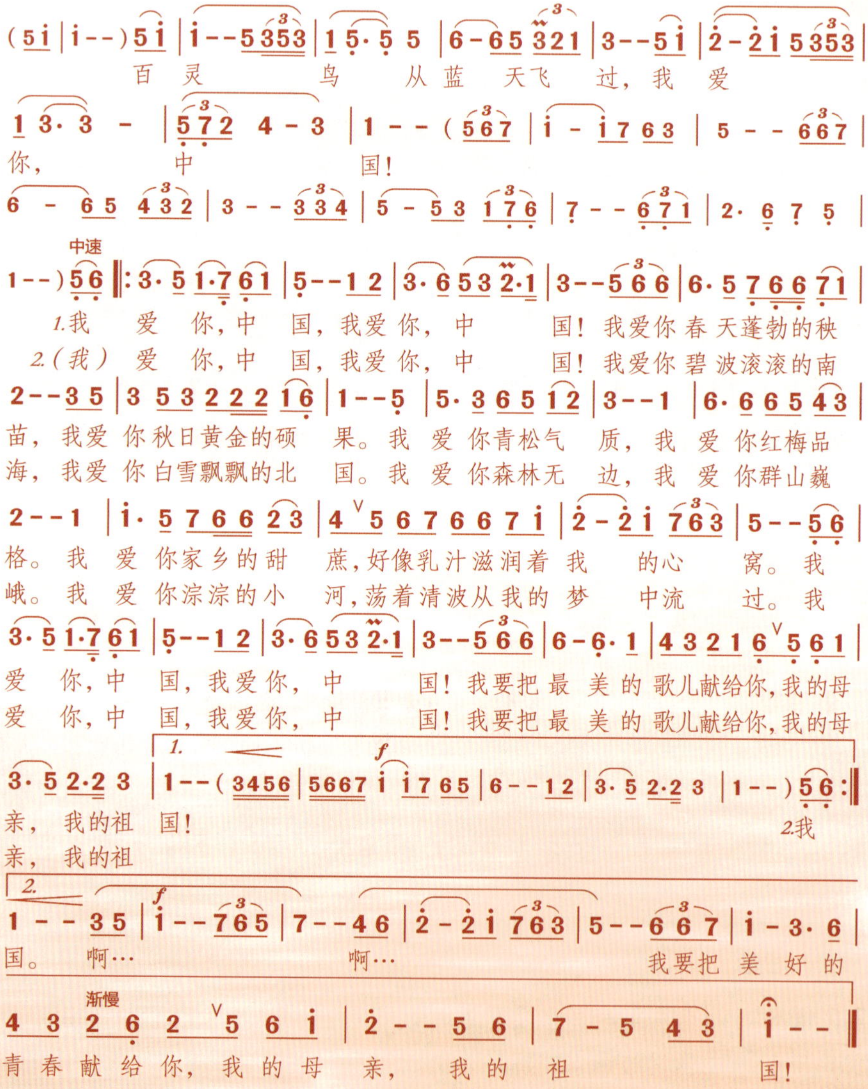

后记

2019年11月12日，中共中央、国务院印发了《新时代爱国主义教育实施纲要》，可以说本书的出版正逢其时。“纲要”指出：青少年是爱国主义教育的重中之重，推动爱国主义教育进课堂、进教材、进头脑；办好学校思想政治理论课，引导学生树立国家意识、增进爱国情感；组织推出爱国主义精品出版物，针对不同年龄、不同成长阶段，坚持精品标准，加大创作力度，推出反映爱国主义内容的高质量读物；广泛组织开展实践活动，把爱国主义内容融入各类主题教育活动之中，组织开展丰富多彩的校园文化活动，丰富拓展爱国主义教育校外实践领域，引导大中小学生更好地了解国情民情，强化责任担当。

中华民族历史上经历过很多磨难，但从来没有被压垮过，而是愈挫愈勇，不断在磨难中成长、从磨难中奋起。2020年初发生的新冠肺炎疫情，是中华人民共和国成立以来在我国发生的传播速度最快、传染范围最广、防控难度最大的一次重大突发公共卫生事件。在党中央坚强领导下，全国广大医务工作者奋战在疫情防控工作一线，全国各族干部群众特别是湖北各族干部群众坚守岗位、配合行动，共同维护正常生产生活秩序。全国人民心系疫情，同舟共济，积极伸出援手，一起加油鼓劲，打赢疫情防控阻击战，夺取这场保卫人民群众生命安全和身体健康严峻斗争的全面胜利。

2020年5月，正值本书第2次加印之时，新冠肺炎疫情正在全球蔓延，中国疫情防控已经取得重大战略成果。这是一次罕见的全球性危机，也是全人类面临的共同挑战。作为最早向国际社会通报疫情、最早迎战疫情的国家，中国全民动员、举国上阵，经过艰苦奋战，付出巨大牺牲，创造了人类与传染病斗争史上的奇迹，成为世界上率先控制住国内疫情的国家之一，不仅为世界守住疫情防控的区域防线，也为全球抗疫积累了宝贵经验。这也是本书加印时增加“抗疫精神”专文介绍的主要原因。

本书得以顺利出版，感谢邵华泽、糜振玉、程建宁、朱新均、杨志海、张慕葏、俞源、郭传杰、聂震宁、林崇德、袁德金、闫津生等同志的大力支持，他们提出了很多非常好的修改意见，付出了辛勤劳动，在此一并致谢。

由于本书出版时间仓促，错误和疏漏之处在所难免，恳请读者批评指正，以利于我们再版时改正。

编者邮箱：8299288@163.com

编者

2020年5月6日